Hans Flick, Frank Hannes,
Christian von Oertzen

Bloß keine Grabrede!

Hans Flick, Frank Hannes, Christian von Oertzen

Bloß keine Grabrede!

Und was Sie sonst noch zu Lebzeiten ohne
Ihren Anwalt regeln sollten

Organisationsverfügung und Unterlagenmappe

Frankfurter Allgemeine Buch

Bibliografische Informationen Der Deutschen Bibliothek
Die Deutsche Bibliothek verzeichnet diese Publikation in der Deutschen Nationalbibliografie; detaillierte bibliografische Daten sind im Internet über http://dnb.ddb.de abrufbar.

Hans Flick, Frank Hannes, Christian von Oertzen

Bloß keine Grabrede!

Und was Sie sonst noch zu Lebzeiten
ohne Ihren Anwalt regeln sollten

F.A.Z.-Institut für Management-,
Markt- und Medieninformationen GmbH
Frankfurt am Main 2006

Frankfurter Allgemeine Buch

ISBN-13: 978-3-89981-031-8
ISBN-10: 3-89981-031-7

Bildauswahl/
Satz Umschlag: F.A.Z.-Marketing/Grafik
Satz Innen Nicole Jäger
Druck Druckerei Steinmeier, Nördlingen
Bindung Oldenbourg Buchmanufaktur, Monheim

Printed in Germany

Inhalt

Zu Lebzeiten die Weichen stellen

Die streitfreie und steuerschonende Regelung des Erbfalles zerfällt zeitlich in zwei Teile: die Erbfolgeplanung des Erblassers mit seiner letztwilligen Verfügung einerseits und die nach seinem Tode stattfindende Erbauseinandersetzung andererseits. Es ist klar, daß für den ersten Part dem Erblasser fast allein die tragende Rolle zukommt und die Erben wenig zu sagen haben. Demgegenüber sieht es für den zweiten Teil so aus, als seien hauptsächlich die Erben mit ihrer Einsicht gefordert. In Wirklichkeit kann jedoch auch noch für diesen Zeitraum der Erblasser die entscheidende Person sein. Er hat es nämlich in der Hand, noch zu seinen Lebzeiten die Weichen für eine friedliche Erbauseinandersetzung zu stellen, steuerliche Optimierungen zu ermöglichen, den Familienzusammenhalt zu fördern und seinen Nachruhm zu sichern. Wie er hierbei den Erben auf einfache Weise – weitgehend sogar ohne anwaltliche Unterstützung – sinnvolle Hilfestellung geben kann, soll dieses Buch zeigen.

Der feste Rahmen der Erbauseinandersetzung ist die letztwillige Verfügung, im allgemeinen also das Testament des Erblassers. Es ist in fast jedem Falle das verbindliche Gesetz. Ohne letztwillige Verfügung ist eine Erbauseinandersetzung nahezu immer ein Anlaß für Streitereien, für eine dauerhafte Zerrüttung des Familienfriedens, für Vermögensvernichtung, für steuerliche Nachteile und für Flüche auf den Erblasser. Der Grundbaustein einer gelungenen Erbfolgeregelung ist also stets ein sorgfältig geplantes Testament. Seine Konzipierung erfordert in aller Regel fachkundigen Rat. Tragen Sie dafür Sorge, daß es immer auf dem neuesten Stand ist!

Aber nicht alles sollte und kann in einer letztwilligen Verfügung geregelt werden. Es gibt viele Fragen, deren Beantwortung nicht in ein Testament oder einen Erbvertrag gehören, weil es sich um praktische Hinweise vielfach von nur vorübergehender Bedeutung handelt. Es geht um die Ausführung von Wünschen des Erblassers oder die Verwirklichung von Absichten des Verstorbenen. Es geht um die Einweisung der Hinterbliebenen in ihre Rechte und Pflichten. Solche Hinweise an die Hinterbliebenen sollten Sie in einer Mappe „Im Falle meines Todes“ zusammenfassen. So sind alle wichtigen Informationen sofort verfügbar, wenn es darauf ankommt.

Wie Sie eine solche Mappe erstellen und welche Informationen sie enthalten sollte, erfahren Sie in diesem Buch. Weitere Ratschläge sollen Ihnen helfen, Ihr Vermögen nicht einfach zu hinterlassen, sondern es „liebevoll zu vererben“.

Bonn, im März 2006

Hans Flick, Frank Hannes, Christian von Oertzen

1. Die Akte „Im Falle meines Todes“

Hans Flick / Frank Hannes

Wertvolle Dienste für eine friedliche Erbauseinandersetzung kann ein griffbereiter Aktenordner „Im Falle meines Todes“ leisten, der alle für eine problemlose Nachlaßabwicklung notwendigen Angaben enthält und die erforderlichen Urkunden oder zumindest deren Aufbewahrungsorte nachweist. Zweck dieser Unterlagen ist es, die Wünsche des Erblassers zu konkretisieren und sein Wissen den Hinterbliebenen zu übermitteln. Weiß er doch über seine persönlichen Verhältnisse am besten Bescheid. Ihm ist bekannt, wo sich seine persönlichen Unterlagen befinden, während sich seine Hinterbliebenen häufig erst auf die manchmal ergebnislose Suche machen müssen. Auch hat er sich Gedanken über die bestmögliche Verwertung einzelner Gegenstände seines Nachlasses gemacht, und er hat zu Lebzeiten meist nützliche persönliche Beziehungen um sein Vermögen aufgebaut.

Dieses Wissen mit dem Tode des Erblassers nicht untergehen zu lassen, sondern auf die Erben zu übertragen, ist die Aufgabe dieses Ordners. Mit seiner Hilfe lassen sich für die Hinterbliebenen viele Probleme einfacher lösen. So auf den Wissensstand des Erblassers gebracht, vermeiden die Erben Fehler, die sie sonst vielleicht gemacht hätten. Bei der schnellen Auflösung eines Haushaltes nach einem Todesfall gehen womöglich Gegenstände verloren, deren Wert zunächst verkannt wird. Oder es werden Unterlagen gesucht, die zur Durchsetzung oder Abwehr späterer Ansprüche (zum Beispiel Vorschenkungen bei Pflichtteilsergänzungsansprüchen) notwendig sein könnten. Solche Verluste lassen sich am ehesten vermeiden, wenn die Erblasser ihr konzentriertes Wissen mit diesem Ordner auf ihre Erben übertragen.

Die Einteilung des Ordners

Zweckmäßigerweise teilt man den Ordner in einzelne Abschnitte, deren Abfolge sich aus dem Zeitraster des Geschehensablaufes nach dem Tode bei der Erbauseinandersetzung ergibt (vgl. das differenzierte Muster auf Seite 56):

1. Persönliche Daten/Urkunden
2. Erste Maßnahmen *unmittelbar nach dem Todesfall,* insbesondere die amtlichen Meldungen und die Vorbereitungen für die Bestattung
3. Maßnahmen *nach der Beisetzung,* insbesondere die Geltendmachung rechtlicher Ansprüche
4. *Vermögens*übersicht, Verwaltung und Verteilung
5. *Steuererklärungen*
6. Persönliche *Ratschläge* des Erblassers

Ein allererstes Kapitel des Ordners, sozusagen vor die Klammer gezogen, gibt die Personalien des Erblassers an, zeigt die letztwilligen Verfügungen und ihre Fundorte auf (Hinterlegungsschein, Privatsafe mit Code-Nummer) und verweist auf die allgemein weithin unbekannte *Organisationsverfügung* bezüglich der *Bestattung.* Dieses Eingangskapitel enthält auch alle Angaben über den Familienstand (einschließlich *Scheidungsunterlagen*). Es zählt erteilte Vollmachten auf (einschließlich einer für sofort verfügbare Geldmittel). Hierhin gehören auch Betreuungs- und Patientenverfügung sowie Organspenderausweis.

Der Ordner sollte immer (wie das Testament) auf dem neuesten Stand sein. Deshalb empfiehlt sich ein *Deckblatt,* das den Bearbeitungsstand der einzelnen Kapitel datumsmäßig angibt und gegebenenfalls (wenn nicht im Ordner selbst enthalten) den Standort der dazugehörigen Urkunden bezeichnet.

Der Standplatz des Ordners sollte den Erben bekannt, der Inhalt mit ihnen vorbesprochen sein.

Für die Erstellung und die Aktualität des Überleitungsordners „Im Falle meines Todes“ ist in erster Linie der Erblasser selbst verantwortlich. Das größte Interesse daran hat der Haupterbe, häufig also der Ehepartner oder das Kind, das den Erblasser zuletzt gepflegt hat. Rechtsrat für die Errichtung des Ordners wird nur in besonderen gekennzeichneten Fällen notwendig werden.

Hilfestellung bei der Errichtung des Ordners kann aus verschiedenen Richtungen kommen: die persönliche Sekretärin aus dem Unternehmensbüro, der Ehepartner, der im Rahmen der ehelichen Arbeitsteilung die Ordnung der Finanzen übernommen hat, ständige Vermögensberater wie der Finanzanalyst, das Family Office, das Private Wealth Management der Bank, insbesondere aber auch der etatmäßige Anwalt, Notar und Steuerberater.

Besonders zweckmäßig ist es, den Haupterben, vor allem wenn er wirtschaftsunerfahren ist, in die Arbeiten einzubeziehen. Auch der vorgesehene Testamentsvollstrecker sollte über den Ordner informiert sein.

2. Organisieren Sie Ihren Tod rechtzeitig

Hans Flick / Christian von Oertzen

Diese Überschrift muß makaber erscheinen. Um das verdrängte Problem in das allgemeine Bewußtsein zu holen und den Verantwortlichen zum Handeln zu bewegen, sind jedoch Alarmglocken erforderlich. Einige – tatsächlich erlebte – Beispiele mögen das Problem veranschaulichen.

Nach längerer Krankheit verstirbt der junge Hauptgeschäftsführer eines Bundesverbandes. Er wird an seinem Arbeitsort auf einem großen städtischen Friedhof beerdigt. Kurz danach zieht seine Witwe zusammen mit den beiden kleinen Kindern zurück in ihre weit entfernte Heimat, weil sie für den Familienunterhalt dazu verdienen muß sowie Schutz und Zuwendung bei den Eltern sucht. Vierzig Jahre bleibt sie unverheiratete Witwe und kann nicht – was sie getröstet hätte – das Grab ihres Mannes häufig besuchen.

Oder: Der zweiten Ehefrau wird am Beerdigungstag ihres Mannes eine einstweilige Verfügung der Scheidungskinder sozusagen als Grabstrauß präsentiert. Die Verfügung untersagt ihr, über gemeinschaftliche Konten zu verfügen, weil anscheinend kein Testament vorhanden ist – der Beginn eines mehrjährigen Erbstreites.

Oder: Am Grabe eines bekannten Rechtsprofessors sprechen nicht der Dekan der Fakultät und der Vorstand seines Fachinstituts, sondern ein Vertreter der Landsmannschaft und des Tierschutzvereins.

In all diesen Fällen wird der Nachruhm des Erblassers nachhaltig beschädigt; dabei hätte er es selbst in der Hand gehabt, derartige Entgleisungen zu vermeiden. Der Tod löst bei den Hinterbliebenen häufig Hektik aus. Die nächsten Angehörigen, in tiefer Trauer, stehen vor schnell zu treffenden Entscheidungen mit Langzeitwirkung. Sie müssen den Termin und die Art des Begräbnisses festlegen sowie Text und Adressaten der Traueranzeige bestimmen. Aber auch rechtsverbindliche Erklärungen sind gegenüber verschiedenen Stellen abzugeben, deren Versäumnisse vermögensmäßige Nachteile auslösen können. Das alles kostet auch einiges Geld, das die Bank des Erblassers oftmals nicht ohne weiteres sofort herausgibt. Letztlich hängt der Nachruf für den Verstorbenen davon ab, wie diese schwierige Situation von seinen Erben gemeistert wird.

Besondere Schwierigkeiten ergeben sich dann, wenn der Verstorbene – was häufig vorkommt – bis zuletzt seine vermögensmäßige Situation selbst bearbeitet und die Einzelheiten für sich behalten hat. Weiter erschwert wird die Lage, wenn die Hinterbliebenen wirtschaftlich unerfahren oder zerstritten sind. Das ist insbesondere der Fall, wenn rachsüchtige Kinder aus erster Ehe nur auf das Ableben der Autoritätsperson gewartet haben, um ihren „gerechten" Anteil am Familienvermögen zu erstreiten. Dann geht die Beerdigung möglicherweise in die ersten Vorhutgefechte des Erbstreites über, obwohl das Testament des Verstorbenen noch gar nicht eröffnet oder vielleicht noch nicht einmal gefunden worden ist – also eigentlich noch gar nicht bekannt ist, um was zu streiten wäre.

Die Lösung dieses gefährlichen Problems liegt weitestgehend in der Hand des Erblassers selbst, der seinen Tod rechtzeitig organisieren muß. Es ist an ihm, Vollmachten zu erteilen, die Rechtslage festzuschreiben, Klarheit zu schaffen und damit Streit zu vermeiden. Organisatorische Hinweise und praktische Ratschläge für die Hinterbliebenen sind dabei genauso wichtig wie ein sorgfältig überlegtes Testament. Sie stehen als weitere Säule neben dem gut formulierten, rechtstechnischen Letzten Willen.

Rechtsgrundlage für Hinweise und Anordnungen rund um die Beerdigung und die Grabstätte ist dabei in erster Linie das nicht erbrechtlich, sondern familienrechtlich begründete Recht der Totenfürsorge. Rechtsträger ist daher nicht der Erbe, sondern derjenige, den der Verstorbene mit der Wahrnehmung der Totenfürsorge beauftragt hat. Dieser Beauftragte muß nicht zum Kreis der an sich dazu berufenen Angehörigen oder der Erben zählen, sondern kann auch ein Dritter sein (etwa der Testamentsvollstrecker). Der Verstorbene kann das Totenfürsorgerecht den Angehörigen belassen oder entziehen oder auch nur ihre Reihenfolge bestimmen, durchbrechen oder ändern. Nur soweit ein Wille des

Verstorbenen nicht erkennbar ist, sind nach Gewohnheitsrecht seine nächsten Verwandten berechtigt und verpflichtet, also Ehegatte und Kinder. Unter ihnen hat der Ehegatte ein Vorrecht. Bei der Ausübung seines Bestimmungsrechtes ist der Berechtigte an den irgendwie geäußerten Willen des Verstorbenen gebunden. Dessen Anordnungen und Wünsche können sowohl in einem Testament oder auch formlos festgelegt und ebenso widerrufen werden. Frei entscheiden kann der Berechtigte nur, wenn sich solch ein Wille nicht ermitteln läßt oder jeglicher Anhaltspunkt fehlt.

Probleme können sich ergeben, wenn zum Zeitpunkt der Entscheidungen über die Totenfürsorge das Testament noch nicht eröffnet ist und vermutet werden kann, daß das Testament entsprechende Anordnungen des Erblassers enthalten könnte (zum Beispiel stilles Begräbnis in der Familiengruft, Feuerbestattung oder Grabpflege). Um insoweit Zweifel erst gar nicht aufkommen zu lassen, ist zu empfehlen, derartige Anordnungen und die Benennung des Berechtigten ausschließlich in einem separaten Brief unmittelbar an den Berechtigten zu regeln. Wie beim Testament ist darauf zu achten, daß dieser Brief sofort nach dem Tode sicher in die richtigen Hände fällt. Und natürlich gehört eine Kopie in den Ordner „Im Falle meines Todes“.

3. Erstellen Sie Checklisten

Hans Flick

In der kurzen Zeit zwischen dem Tod eines Menschen und seiner Beerdigung werden bestimmte Melde- und Anzeigepflichten fällig, deren Versäumnis zu Rechtsverlusten führen kann. Auch sind Entscheidungen zu treffen, die später gar nicht oder nur sehr aufwendig zu revidieren sind. Ort, Termin und Ausgestaltung des Begräbnisses sind festzulegen und zu koordinieren, Text und Adressaten der Traueranzeigen zu bestimmen, Nachrufe zu veranlassen.

Soll der Verstorbene an seinem letzten Wohnsitz oder dem zukünftigen Familienwohnort begraben werden? Hat er Feuer- oder Seebestattung gewünscht? Soll die Abschiedsfeier eher bescheiden oder mehr standesgemäß erfolgen? Wenn nichts geregelt wird, halten die falschen Leute die Grabrede! Wichtige Leute wurden vergessen einzuladen. Die Nachrufe sind veraltet und verzerrt. Statt Grabsträußen gibt es einstweilige Verfügungen zur Beerdigung. Spielt die Kirche – trotz Austritts – mit? Wie sollen die Kosten gedeckt werden, während sich die Banken insofern bedeckt halten, bis der Erbschein erteilt ist.

Wer ist befugt, über solche Fragen zu entscheiden? Die Ehefrau oder die Kinder aus erster Ehe? Was steht zu diesen Fragen im noch nicht eröffneten Testament? Oft sind die Betroffenen entscheidungsunerfahren oder noch in Trauer erstarrt. Weil die zu lösenden Fragen nicht individuell vorsortiert sind und die Entscheidungskompetenz unklar ist, kommt es in der Kürze der Zeit zu Fehlentscheidungen und weiter wirkendem Streit, obwohl eigentlich noch gar nicht bekannt ist, um was zu streiten wäre. Das Ansehen des Verstorbenen wird beeinträchtigt.

Dabei hätte es der Erblasser in der Hand gehabt, dieses Tohuwabohu vorsorglich zu vermeiden. Er hätte zu seinen Lebzeiten die im Todesfall zu lösenden Fragen vorsortieren und in seinem Sinne verbindlich regeln können. Er hätte uneingeschränkt die Verantwortlichen für die Beerdigung benennen und drohende Konflikte im Keim ersticken können.

Seine alleinige Entscheidungsbefugnis ergibt sich aus der Totenfürsorge, die nicht eine Folge des Erbrechtes, sondern Nachwirkung seines Persönlichkeitsrechtes ist. Er entscheidet allein über die Bestattungsmodalitäten, kein Erbe hat hier irgendwelche Mitspracherechte. Er kann sein Bestimmungsrecht auch an eine Person seines Vertrauens delegieren, einen näheren oder entfernten Verwandten, aber auch einen Freund. Nur wenn er von seinem Bestimmungsrecht keinen Gebrauch macht, fällt es gewohnheitsrechtlich an die nächsten Verwandten. Dabei hat der überlebende Ehegatte des Verstorbenen die Vorhand.

Zu empfehlen ist, daß der Erblasser insoweit eine formlose, aber eindeutige schriftliche Organisationsverfügung verfaßt, die seine ihm wichtigen Wünsche präzisiert und dabei für Zweifelsfragen und andere Probleme einen Verantwortlichen (und eine Ersatzperson für den Fall der Verhinderung) benennt. Hilfreich ist, damit alle Punkte abgedeckt werden, die Abarbeitung einer Checkliste, wie sie auf Seite 131ff. beispielhaft abgedruckt ist. Geht der Erblasser so vor, erspart er den Hinterbliebenen viel Aufregung und Streit.

3. Daten, Urkunden und Verträge an einer Stelle aufbewahren

Hans Flick

In allen Bereichen der Erbauseinandersetzung spielt letztlich die Person des Erblassers eine entscheidende Rolle. Immer wieder sind im Laufe der Erbauseinandersetzung Personalangaben über ihn erforderlich, Daten und Urkunden sowie Verträge vorzulegen. Ihre Auflistung durch den Erblasser, ihre Sammlung an einer Stelle, erspart später umfangreiche Nachfragen, unter Umständen vergebliche Nachforschungen mit nachteiligen Folgen. Über den ehelichen Güterstand zum Beispiel haben Laien meist nur verschwommene Vorstellungen, das Güterstandsregister bringt oft keine Klarheit, der Ehevertrag ist nicht aufzufinden. Vollmachten sind aus bestimmtem Anlaß erteilt und dann ist vergessen worden, sie zu widerrufen. Und die Scheidungsakte wurde – ungeordnet – irgendwo vergraben, die Erinnerung verdrängt, die Langzeitfolgen geheimgehalten. Hier dokumentierte Klarheit zu schaffen, ist Aufgabe der Akte „Im Falle meines Todes".

Die Personalangaben des Erblassers sollten ausführlich sein, zum Beispiel alle Vornamen mit Unterstreichung des Rufnamens enthalten, und urkundlich belegt sein. Eine Geburtsurkunde wird überall dort benötigt, wo das Lebensalter bei Versorgungsansprüchen eine Rolle spielt. Das Familienbuch und der Personalausweis (Reisepaß) werden vom Standesamt bei der Ausstellung der Sterbeurkunde verlangt. Der Konfirmations- bzw. der Kommunionsspruch können für den Geistlichen nützlich sein.

Der Familienstand ist in allen Einzelheiten zu dokumentieren, ist er doch unter anderem Basis der (hochvariablen) güterrechtlichen Ansprüche des überlebenden Ehegatten und bestimmt damit letztlich den Umfang des Nachlasses sowie die Pflichtteilsanspruchsquoten vom überlebenden Ehegatten und allen Kindern. Deshalb sind alle Güterstandsvereinbarungen und -unterlagen aufzulisten (Eheverträge mit oder ohne Pflichtteilsverzichte) und ihre ursprüngliche Fassung sowie alle Änderungen zu erfassen. Hier sind auch die güterstandsrelevanten Unterlagen, wie das Verzeichnis des Anfangsvermögens, zu dokumentieren. Größere lebzeitige Schenkungen an den Ehegatten können bei Pflichtteilsansprüchen der Kinder eine Rolle spielen und auf den Zugewinnausgleich anzurechnen sein.

Bei wiederverheirateten Geschiedenen können oft Unterhaltsansprüche des früheren Ehepartners gegen den Nachlaß bestehen, die dem überlebenden Ehegatten Anlaß für die Überlegung geben können, das Erbe auszuschlagen und den kleinen Pflichtteil neben dem familienrechtlichen Zugewinnausgleich zu verlangen – eine Wahlmöglichkeit, die befristet ist (Ausschlagungsfrist sechs Wochen).

Die Personalangaben aller Kinder (auch aus früheren Ehen, adoptierte und nichteheliche) sind wegen deren Pflichtteilsanspruches notwendig. Vaterschaftsprozesse sind dokumentarisch zu erfassen.

Größere Vorschenkungen sollten hier vermerkt werden (Anrechnung auf den Erbteil, Berücksichtigung bei Pflichtteilsansprüchen). Zweckmäßig ist es einerseits, das Aufrechnungskarussell so weit wie möglich durch Testamentsverfügung auszuschließen. Andererseits kann es zur Abwehr von Pflichtteilsansprüchen der Kinder zweckmäßig sein, deren Vorschenkungen vorzuhalten. Eventuelle Pflichtteilsverzichte sind hier zu dokumentieren.

Eltern des Erblassers können – oft übersehen – Pflichtteilsansprüche haben, wenn der Erblasser keine Kinder hatte.

Eine zunächst wenig beachtete Folge des menschlichen Todes ist, daß der Körper als späteres Beweismittel für rechtliche Ansprüche verschwindet, er wird eingeäschert, begraben, zerfällt. Deshalb ist, falls solche Ansprüche in Betracht kommen, kurzfristig eine Autopsie zu veranlassen. Sie ist, wenn vom Erblasser selbst angeregt, wesentlich pietätvoller als eine spätere Exhumierung und zusätzlich beweiskräftiger.

Als solche Ansprüche kommen folgende Todesursachen in Betracht: fremd verschuldeter Unfall, ärztlicher Kunstfehler oder Wehrdienstbeschädigung. Vorsorge ist auch zu treffen gegen erbrechtliche Ansprüche wegen Abstammung (Blutgruppe, genetischer Fingerabdruck). Versicherungsansprüche können durch den Tod begründet (Unfallversicherung) oder ausgeschlossen werden (Suizid); dementsprechende kurzfristige Anzeigepflichten gegenüber den Versicherungsgesellschaften sind zu beachten.

Das Kapitel letztwilliger Verfügungen ist besonders sorgfältig zu dokumentieren. Hier ist zu berichten, ob der Erblasser ein notarielles, gerichtliches oder eigenhändiges Testament errichtet hat (mit Datum). Bei Ehegattentestamenten ist gegebenenfalls die Eröffnung nach dem vorverstorbenen Ehegatten zu registrieren. Von entscheidender Bedeutung ist die Angabe des Fundortes von letztwilligen Verfügungen, um zu verhindern, daß Testamente nicht gefunden oder unterschlagen werden. Ist die letztwillige Verfügung in amtliche Verwahrung gegeben worden, ist die Amtsstelle wie der Fundort des Hinterlegungsscheines zu dokumentieren, bei Aufbewahrung im Safe ist die Code-Nummer zu notieren. Hier ist auch auf eventuelle Begleitbriefe zum Testament zu verweisen.

Aus Gründen der Testamentshygiene sollten ältere Testamente grundsätzlich vernichtet werden. In Ausnahmefällen, insbesondere wenn das letzte Testament anfechtungsanfällig ist, muß man jedoch überlegen und entscheiden, ob die alte Fassung dann ein Auffangnetz bilden und der gesetzlichen Erbfolge vorzugswürdig sein könnte.

Soweit der Erblasser eine (immer zweckmäßige) *Organisationsverfügung* hinterläßt, die hauptsächlich die Bestattung betrifft, sollte diese im Erbfall sofort als erstes zugänglich sein (Fundort und Adressat).

Aufzulisten sind in diesem Teil auch der Fundort von Patientenverfügungen und eventuell des Organspendepasses.

Soweit der Erblasser *Vollmachten* erteilt hat, die zur Verfügung über den Nachlaß oder Teilen davon berechtigen (Generalvollmacht, Bankvollmachten), sind diese offen auszuweisen. Das ist besonders wichtig, um festzustellen, wer wegen der *Beerdigungskosten* sofort über Bankkonten verfügen kann. Zu prüfen ist, ob ein Widerruf solcher Vollmachten durch die Erben in Betracht kommt.

5. Patientenverfügung und Vorsorgevollmacht

Hans Flick / Wolfgang Onderka

Regelmäßig kann man im Fernsehen Berichte über Menschen verfolgen, die schwer erkrankt sind und ohne Aussicht auf Genesung nur noch durch die moderne Apparatemedizin am Leben erhalten werden. Angehörige, Ärzte und gegebenenfalls Gerichte streiten dann oft darum, ob in dieser Situation lebensverlängernde Maßnahmen der Intensivmedizin eingestellt werden dürfen. Der Betroffene selber kann sich hierzu dann nicht mehr äußern. Der Betrachter solcher Fernsehsendungen hofft wohl stets, daß ihm und seiner Familie ein derartiges Schicksal erspart bleibt.

Dabei kann jeder dafür sorgen, daß auch in einem solchen Fall dem eigenen Willen zur Durchsetzung verholfen wird. Geeignetes Mittel dazu ist eine sogenannte Patientenverfügung, auch als Patiententestament bezeichnet. Darin kann für den Fall der zukünftigen Entscheidungsunfähigkeit der eigene Wille beispielsweise im Hinblick auf Art und Umfang einer ärztlichen Behandlung festgelegt werden. Dies gilt insbesondere, wenn für den irreversiblen tödlichen Verlauf einer Krankheit lebenserhaltende oder -verlängernde Maßnahmen unterbleiben sollen. Eine derartige Anordnung ist später für alle Beteiligten verbindlich. Dies hat der Bundesgerichtshof (BGH) in einer Entscheidung vom 17. März 2003 (Az: XII ZB 2/03) ausdrücklich bestätigt. Danach gebietet es die Würde des Menschen, daß ein im einwilligungsfähigen Zustand ausgeübtes Selbstbestimmungsrecht auch dann noch zu respektieren ist, wenn er zu eigenverantwortlichen Entscheidungen nicht mehr in der Lage ist. Zwar darf ein für den Patienten bestellter Betreuer eine Einwilligung in eine lebenserhaltende oder -verlängernde Behandlung auch dann nur mit Zustimmung des Vormundschaftsgerichts wirksam verweigern. Das Vormundschaftsgericht ist insoweit aber – so der BGH – an einen eindeutig erklärten Willen des Patienten gebunden. Es überprüft also lediglich, ob die in der Patientenverfügung beschriebenen Voraussetzungen tatsächlich auch vorliegen.

Für die Praxis ergibt sich daraus die Notwendigkeit, seinen Willen rechtzeitig und in unmißverständlicher Art und Weise zum Ausdruck zu bringen. Hierzu gehört insbesondere, daß die Voraussetzungen, unter denen bestimmte ärztliche Maßnahmen eingeleitet oder unterlassen werden, also etwa lebenserhaltende oder -verlängernde Maßnahmen eingestellt werden sollen, so präzise wie möglich beschrieben werden. Zur Formulierung kann ein Beratungsgespräch mit dem Hausarzt hilfreich sein. Ratsam – wenngleich rechtlich nicht zwingend erforderlich – ist zudem die Beurkundung einer solchen Patientenverfügung durch einen Notar, da dieser anläßlich der Beurkundung im Rahmen seiner Möglichkeiten auch die Geschäftsfähigkeit des Erklärenden feststellt.

Die Patientenverfügung kann ergänzt werden durch eine sogenannte Betreuungsverfügung. Hierin erklärt der Betroffene, welche Person im Falle eines Falles sein Betreuer werden, also rechtliche Handlungen für ihn vornehmen soll, wenn er selber hierzu nicht mehr in der Lage ist. Die Betreuungsperson, die grundsätzlich frei bestimmt werden kann, hat die Angelegenheiten des Betroffenen so zu besorgen, wie es seinem Wohl entspricht. Hierzu gehört auch, die Wünsche des Betreuten zu beachten, die dieser etwa in einer Patientenverfügung geäußert hat. Daneben kann die Betreuungsverfügung selber ganz entsprechend der individuellen Lebenssituation des Betreuten Anordnungen enthalten über den zu gewährleistenden Lebensstandard, die Aufnahme in ein bestimmtes Pflegeheim oder Krankenhaus oder die sonstigen Wünsche zur allgemeinen Lebensgestaltung. Die Betreuungsverfügung sollte mindestens schriftlich abgefaßt, am besten ebenfalls von einem Notar beurkundet werden.

Um die gerichtliche Anordnung einer Betreuung und das damit zwangsläufig verbundene Verfahren von vornherein zu vermeiden, kann es sich anbieten, eine besonders vertrauenswürdige Person mit einer entsprechenden Vorsorgevollmacht auszustatten. Diese erlaubt dem Bevollmächtigten, für den Vollmachtgeber zu handeln, wenn dieser hierzu nicht mehr in der Lage ist. Soweit dadurch die Interessen des Bevollmächtigten ausreichend gewahrt sind, wird von einer gerichtlich angeordneten Betreuung in aller Regel abgesehen. Die Vollmacht selber sollte nicht nur zur Vertretung in Vermögensangelegenheiten, sondern ausdrücklich auch zur Vertretung in persönlichen Angelegenheiten ermächtigen. Hierzu gehört beispielsweise die Einwilligung in ärztliche Untersuchungen oder Behandlungen oder in eine zum Schutz des Bevollmächtigten notwendige Unterbringung oder in eine andere freiheitsbeschränkende Maßnahme. Derartige Befugnisse müssen in einer schriftlichen Vollmacht ausdrücklich bezeichnet werden. Eine „Generalvollmacht“ oder eine Vollmacht „zur Vertretung in allen Angelegenheiten“ reicht nicht aus. Auf jeden Fall sollte vermieden werden, daß die Bevollmächtigung unter eine Bedingung gestellt wird, etwa erst dann gilt, wenn der Bevollmächtigte selber nicht mehr in der Lage ist, „seine Angelegenheiten zu regeln“. Es müßte sonst später bei Gebrauch der Vollmacht stets nachgewiesen werden, daß die Voraussetzung tatsächlich auch gegeben ist. Bei der Formulierung der Vollmacht sollte darauf geachtet werden, daß die dort enthaltenen Erklärungen juristisch präzise sind, später im Rechtsverkehr aber auch von juristischen Laien verstanden und eindeutig umgesetzt werden können. Zweifelsfragen gefährden die Effektivität einer Vorsorgevollmacht und sind daher zu vermeiden. Die Beratung durch einen versierten Rechtsanwalt oder Notar ist in diesem Bereich dringend zu empfehlen!

Wie immer bei der Bevollmächtigung von Personen in der Erbfolgeregelung sollte man diese Person sorgfältig auswählen (nicht zu alt), darauf achten, daß man sie nicht unnötig in den Verdacht eigennütziger Entscheidungen bringt, sie von der Absicht solcher Benennungen informieren und eine Ersatzperson benennen. Wer auf diese Weise Vorsorge trifft, erlangt zwar nicht ewige Jugend und Gesundheit, er stellt aber sicher, daß seine Wünsche und Vorstellungen auch dann Beachtung finden, wenn er selbst nicht mehr in der Lage sein sollte, Entscheidungen zu treffen.

6. Das Vermögensverzeichnis und Verhaltenstips

Hans Flick / Wolfgang Onderka

Das vollständige Vermögensverzeichnis des Nachlasses und seine richtige Bewertung haben für die sachgerechte Erbauseinandersetzung zentrale Bedeutung. Es ist notwendige Voraussetzung für viele Entscheidungen der Erben, wird von Amts wegen in bestimmten Situationen verlangt und ist Grundlage der Erbschaftsteuererklärung. Und wer wüßte besser darüber Bescheid als der Erblasser selbst. Er hat in der Regel die besten Kenntnisse über die Werthaltigkeit einzelner Gegenstände. Er kennt auch verborgene Werte ebenso wie latente Lasten und die nützlichen Kontaktpersonen. Die Erben haben dagegen meist bis zum Erbfall nur vage Vermutungen oder bruchstückhafte Kenntnisse über den Vermögensstand des Erblassers. Eine entsprechende Aufstellung gehört daher in die Mappe „Im Falle meines Todes“. Ausgerüstet mit den so vermittelten Kenntnissen des Erblassers können die Erben das Beste aus dem ererbten Vermögen machen.

Veranlassung

Allein die Notwendigkeit, das Erbe auf mehrere Personen gerecht zu verteilen, macht es notwendig, exakt 100 Prozent des Nachlasses zu erfassen und ihn genau nach realen Verkehrswerten zu bewerten. Selbst wenn man durch Vorausvermächtnisse einen Teil der Gegenstände einzelnen Personen ohne Rücksicht auf den realen Wert zugeteilt hat, bleibt für die Erben meist noch etwas übrig, was gegebenenfalls zu verteilen wäre. Ausgleichspflichten und Pflichtteilsansprüche können im Rahmen der Erfassung des gesamten Nachlasses als eine Rechengröße auch eine genaue Bewertung der Vermächtnisse erzwingen. Wie Pflichtteilsansprüche können aber auch Zugewinnansprüche ein vollständiges Inventar mit Verkehrswerten notwendig machen. Der Vorerbe muß dem

Nacherben gegenüber ein Inventarverzeichnis errichten. Eltern minderjähriger Kinder müssen regelmäßig ein Inventar über ererbtes Vermögen aufstellen.

Der Testamentsvollstrecker wird ein Bestandsverzeichnis bereits im ureigenen Interesse aufstellen, ist hierzu aber auch von Gesetzes wegen verpflichtet. Zwar muß dies keine Wertangaben enthalten, aus Gründen der Rechtfertigung gegenüber den Erben ist die genaue Bewertung jedoch zweckmäßig. Besonders wichtig wird die Vermögensübersicht über den Nachlaß, wenn dieser überschuldet sein könnte. Wegen der Ausschlagungsfrist von nur sechs Wochen ist die Grundlage für diese weitreichende Entscheidung unter großem Zeitdruck zu erstellen. Nachlaßpfleger und Nachlaßverwalter müssen bei Nachlaßverwaltung und Nachlaßinsolvenz Inventare errichten, der Erbe kann dies tun, wenn er seine Haftung auf den Nachlaß beschränken möchte. Letztlich ist das Vermögensverzeichnis auch Grundlage der Erbschaftsteuererklärung, allerdings mit teilweise anderen Werten (Steuerwert).

Einteilung und Wertermittlung

Es empfiehlt sich, die Einteilung des Vermögensverzeichnisses dem Formular der Erbschaftsteuererklärung nachzuempfinden (siehe Seite 81ff.): land- und forstwirtschaftliches Vermögen, Grundvermögen, Betriebsvermögen, übriges Vermögen wie Anteile an Kapitalgesellschaften, Wertpapiere, Kontoguthaben, Verbindlichkeiten). Die fiskalische Genauigkeit der Erbschaftsteuererklärung erleichtert die Vollständigkeitskontrolle. Ursprünglich „schwarze" Konten sollte der Erblasser nur nach einer Selbstanzeige oder – wenn möglich – nach Amnestie „weiß" hinterlassen. Neben den Verkehrswerten sollten nach Möglichkeit auch die Steuerwerte der einzelnen Vermögensgegenstände aufgeführt werden. So kann das Vermögensverzeichnis in mehrfacher Hinsicht genutzt werden.

Im Hinblick auf eine drohende Veräußerungsgewinnbesteuerung sollten Anschaffungszeitpunkt und Kaufpreis der betroffenen Vermögensgegenstände vermerkt werden. Mögliche Steuernachforderungen aus Betriebsprüfungen müssen aufgelistet werden. Besonders gekennzeichnet werden sollte Sonderbetriebsvermögen; hier ist auf die Gefahr unfreiwilliger Entnahmen hinzuweisen. Vermerkt werden sollten auch Steuerbelastungen, die bei Verkauf oder Insolvenz von Abschreibungsgesellschaften entstehen könnten; verbunden mit dem guten Rat, sich von Abschreibungsgesellschaften und anderen Steuersparmodellen fernzuhalten. Eventual-Verbindlichkeiten sind nicht zu vergessen (Bürgschaften, Nachschußverbindlichkeiten). Andererseits sind Expektanzen (Bauerwartungsland) ebenfalls zu vermerken.

In einer besonderen Spalte wird der Erblasser seine Erben mit seinen Vertrauenspersonen für die einzelnen Vermögensgegenstände vertraut machen, gegebenenfalls auch zu gewisser Vorsicht raten oder einen nach seiner Erfahrung vertrauenswürdigen Vermögensberater benennen. Für unternehmerisches Vermögen sollten zudem ausführliche Verhaltensempfehlungen (Ausscheiden, Verkaufen, Stimmverhalten) gegeben werden. Kunstgegenstände und Sammlungen bedürfen einer besonders sorgfältigen Dokumentation (Provenienz, Ausstellungskataloge, Werksverzeichnisse). Wenn der Erblasser erklärt, daß er sein Wertpapierdepot aus Gründen der Alterssicherung in Obligationen und liquiden Mitteln angelegt hat, wird sich der Erbe frei fühlen, das Depot auf mehr Aktien umzuschichten. Andererseits wird der Erblasser den wirtschaftlich unerfahrenen Erben raten, Schulden aus dem liquiden Guthaben zu tilgen.

Was noch in die Mappe gehört

In die Mappe „Im Falle meines Todes“ gehören – neben den bisher erwähnten Unterlagen und Angaben – auch Unterlagen über versicherungsrechtliche Ansprüche. Dazu gehören Lebensversicherungen, Risikolebensversicherungen (insbesondere aus Bausparverträgen oder Darlehensvereinbarungen), private Unfallversicherungen und Berufsgenossenschaft (bei Unfall), Sterbekasse, gesetzliche Altersversicherungen (Sterbegeld, BfA, Anwalts- und Ärzteversicherung) sowie private Pensionsverträge. In all diesen Fällen ist eine unverzügliche Anzeige mit Sterbeurkunde erforderlich, bei privaten Versicherungen sollten diese (je nach Vertrag) innerhalb von 24 bis 48 Stunden, bei Unfall die Unfallversicherung sofort (per Fax) benachrichtigt werden.

In die Mappe gehört auch eine Aufstellung von Dauerschuldverhältnissen (Miete, Strom, Wasser, Gas, Telefon, Zeitungen, Sachversicherungen), die gekündigt oder verändert werden müssen.

Nützlich ist letztlich auch eine Checkliste über die Versorgung des überlebenden Ehepartners, die schon zu Lebzeiten mit dem Partner ausführlich diskutiert worden ist (siehe Checkliste auf Seite 129f.).

7. Die richtige Testamentsform

Hans Flick / Christian von Oertzen

Bei der Vielfalt der rechtlichen Möglichkeiten, die für die Regelung der Erbfolge besteht, stellt sich die Frage, welche der verschiedenen Formen letztwilliger Verfügungen im Einzelfall die zweckmäßigste ist. Von den nur 27 Prozent der Bevölkerung, die 1998 in einer Emnid-Umfrage angaben, überhaupt eine letztwillige Verfügung errichtet zu haben, hatten 22,2 Prozent die Testamentsform und 4,8 Prozent den Erbvertrag gewählt. Von den Testierenden wiederum entschieden sich, wie eine allerdings ältere Umfrage ergab, etwa die Hälfte für das eigenhändige und die andere Hälfte für das öffentliche, notarielle Testament.

Unter Eheleuten aber war und ist nach wie vor das gemeinschaftliche Ehegattentestament am beliebtesten, meist in der Form des sogenannten Berliner Testaments, bei dem sich die Ehepartner gegenseitig zu ihren Alleinerben und die Kinder zu Schlußerben nach dem Längerlebenden einsetzen. Diese Testamentsform ist bei Ehepaaren wohl deshalb so beliebt, weil sie bei der Erbfolge der Versorgung des überlebenden Ehegatten oberste Priorität einräumen. Sie sehen das Familienvermögen als gemeinsam erwirtschaftet an und wollen es demzufolge auch gemeinsam verteilen. Außerdem sind die formellen Anforderungen an ein derartiges Testament besonders leicht zu erfüllen. Einer schreibt, beide unterschreiben. Die Nachteile dieser Testamentsform werden dabei oft übersehen – die Bindungswirkung für den überlebenden Ehegatten, die Vergrößerung des Pflichtteilspotentials der Kinder und, bei größerem Vermögen, die erbschaftsteuerliche Doppelbelastung des Generationenübergangs.

Man kann allerdings diesen Nachteilen durch differenzierte Anordnungen entgegenwirken. Dabei müssen alle denkbaren Sterbekonstellationen aufgeführt und im Detail geregelt werden, um zu vermeiden, daß der Nachlaß unbeabsichtigt nur einem Familienstamm zufällt, je nachdem, welcher der Ehegatten zuerst verstirbt. Insbesondere muß für jeden Fall genau festgelegt werden, welche Kinder oder andere Verwandte Schluß- oder Nacherben werden sollen und welche Quoten oder Sachvermächtnisse ihnen zustehen sollen.

Bei gegenseitiger Erbeinsetzung der Ehegatten stehen den gemeinsamen Kindern nach dem ersten Erbfall in aller Regel Pflichtteilsansprüche gegen den längerlebenden Elternteil zu. Deren Geltendmachung kann die Altersversorgung des Längerlebenden gefährden. Um diese Gefahr zu beseitigen, sollte noch zu Lebzeiten ein notarieller Pflichtteilsverzicht mit den Kindern, zumindest für den ersten Erbfall, angestrebt werden. Schließlich müssen auch die güterrechtlichen Vorgaben für die Beendigung des Güterstandes durch den Tod eines Ehegatten berücksichtigt werden, was erfahrungsgemäß dem Laien besonders schwer fällt.

Generell ist das notariell zu beurkundende öffentliche Testament allen anderen Formen letztwilliger Verfügungen vorzuziehen. Der oft erhobene Einwand der zu hohen Kosten kann zumeist entkräftet werden. Eine fachkundige Beratung durch einen erfahrenen Notar wird nämlich regelmäßig erhebliche materielle Vorteile bei der Erbschaft- und Einkommensteuer bringen. Richtig konzipiert, kann das Testament außerdem einen wesentlichen Beitrag zur Streitvermeidung und Streitunterdrückung leisten, ganz zu schweigen von dem persönlichen Wohlbefinden für den Testierenden nach Erledigung dieser ungeliebten, aber unvermeidbaren Aufgabe. Kosten entstehen regelmäßig für die Konzeption, die Formulierung und die steuerliche Optimierung der letztwilligen Verfügung. Neben den Notargebühren sind daher auch die Kosten der Steuerberatung zu berücksichtigen. Meistens lohnen sich die Notargebühren schon deshalb, weil diese die späteren Kosten eines dann oft entbehrlichen Erbscheins ersparen.

Ein weiterer Vorteil einer notariellen Beurkundung der letztwilligen Verfügung liegt darin, daß der Notar im Rahmen seiner Möglichkeiten die Testierfähigkeit des Verfügenden feststellt. Spätere Einwände hiergegen von enttäuschten Erben sind praktisch aussichtslos. Die notarielle Form ist also besonders dann angezeigt, wenn derartige Einwände insbesondere bei älteren Erblassern zu befürchten sind.

Erbverträge binden beide Vertragspartner. Sie kommen daher in Betracht, wenn langfristig für beide Seiten sichere Planungsgrundlagen geschaffen werden sollen. Da allerdings auch ein Erbvertrag nicht vor lebzeitigen Verfügungen durch den Erblasser schützt, ist besonderes Augenmerk darauf zu legen, daß die Erfüllung der Vereinbarung gesichert ist.

Den Königsweg erfolgreicher, steuersparender und streitvermeidender Erbfolgeplanung beschreitet man mit Schenkungen unter Lebenden. Um aber die hierin liegende erbschaftsteuer- und pflichtteilsminimierende Wirkung auskosten zu können, ist langer Atem und fachkundige Beratung unabdingbar. Wichtig ist dabei vor allem, daß alternative Geschehensabläufe berücksichtigt und die eigene Altersversorgung des Schenkers und seines Ehegatten nicht vernachlässigt werden.

Schenkungen auf den Todesfall werden dann als Mittel des Vermögensüberganges eingesetzt, wenn es darum geht, einzelne Personen an den Erben vorbei und ohne Publizität zu bedenken. Dabei müssen juristisch die Grenzlinien zur Verfügung von Todes wegen genau eingehalten werden.

Bei Erbfällen mit internationalem Bezug – Auslandsvermögen, divergierende Wohnsitze und Staatsangehörigkeiten – gelten unter Umständen besondere, durch das Recht des jeweiligen Staates bestimmte Formerfordernisse.

Formfehler bei letztwilligen Verfügungen, die zu deren Nichtigkeit führen, sind deshalb so gravierend, weil sie – anders als bei anderen Rechtsgeschäften – bei Aufdeckung nach dem Tode des Erblassers nicht mehr zu korrigieren sind.

8. Der Begleitbrief zum Testament

Hans Flick / Frank Hannes

Testamente sind für den Laien schwer verständlich. Ihre juristische Sprache wirkt hölzern und wird oft von den Erben als lieblos empfunden. Verschachtelte lange Sätze verstellen ihnen den Sinn. Sie kennen auch nicht die Bedeutung „wechselbezüglicher Verfügungen“, sie wissen nicht den Unterschied zwischen „Nacherbe“, „Schlußerbe“ oder „Ersatzerbe“. Die für verschiedene Geschehensabläufe vorgesehenen Alternativregelungen wirken kompliziert. Bei Testamentseröffnung scheinen sie nach Lage der Dinge überflüssig zu sein. Die Betroffenen fühlen sich schnell beleidigt und zu Trotzreaktionen herausgefordert. Einzelne Erben sehen sich durch wohlgemeinte Testamentsklauseln ungerechtfertigt benachteiligt und beginnen, ohne eigentlich betroffen zu sein, zu streiten.

Weil diese juristisch weitgehend vorgegebene Form letztwilliger Verfügungen zu ihrer Durchsetzung letztlich unvermeidbar ist, bietet sich in der Praxis zur Vermeidung negativer Folgen dieses Formalismus ein erläuternder Begleitbrief an. Ein solcher Begleitbrief kann gleichzeitig auch der Selbstkontrolle des Erblassers über seinen Letzten Willen dienen, weil er erst durch die „Übersetzung“ des juristischen Textes in verständliches Deutsch vor Augen geführt bekommt, was im Falle eines Falles wirklich geschieht. Der Begleitbrief kann außerdem bei der Auslegung letztwilliger Verfügungen hilfreich sein. Er sollte deshalb sorgfältig auf das Testament abgestimmt sein, was auch voraussetzt, daß beide immer auf dem neuesten Stand sind.

Nun könnte man daran denken, die Sprache letztwilliger Verfügungen generell zu vereinfachen, allgemeinverständliche Worte zu wählen. Dem sind jedoch enge Grenzen gesetzt. Zwar sind oft lange Schachtelsätze nur eine schlechte Juristenangewohnheit und könnten – auch zum eigenen Verständnis der Juristen – ruhig aufgelöst und damit lesbar gemacht werden. Zur Entlastung des Testamentstextes raten wir auch immer, diesen zu entschlacken, indem man Dankbarkeits- und Erinnerungsvermächtnisse dadurch überflüssig macht, daß man sie schon zu Lebzeiten schenkweise erfüllt, um so auch noch selbst in den Genuß der Anerkennung zu kommen.

Grundsätzlich gibt es jedoch kein wichtigeres rechtliches Dokument als eine letztwillige Verfügung. Und in keinem anderen Dokument ist die rechtliche Ungenauigkeit oder Irreführung oder selbst die Stellung eines Wortes wichtiger oder schadenstiftender. Das gilt insbesondere deshalb, weil ein Testament nach dem Zeitpunkt seines Inkrafttretens überhaupt nicht mehr geändert werden kann, weil der allein verfügungsfähige Verfasser dann tot ist.

Sorgfältige Beratung bei letztwilligen Verfügungen durch einen erfahrenen Juristen ist deshalb auch so wichtig, weil der Zeitpunkt des Todes ungewiß ist und deshalb für mögliche personelle und vermögensmäßige Veränderungen Eventuallösungen vorgesehen werden müssen. Zudem sind juristische Begriffe meist nur rechtliche Kurzformeln für vielfältige gesetzliche Folgen und nicht beliebige Worte, deren Synonyme die gleichen Rechtsfolgen wie ihre ähnlichen Schwestern haben. Folgt zum Beispiel einem Erben ein Schlußerbe, so unterliegt ersterer keinen Verfügungsbeschränkungen und hat keine Rechenschaftspflichten gegenüber seinem Nachfolger; anders, wenn nicht ein Schluß-, sondern ein Nacherbe eingesetzt ist. Und ein Ersatzerbe hat überhaupt keinen Vorgänger, weil der erstbenannte Erbe schon vor dem Erblasser verstorben ist oder das Erbe ausgeschlagen hat; beim Tode des Erblassers wird also der im Testament benannte Ersatzerbe ganz schlicht Erbe.

Jeder Begleitbrief sollte deshalb einleitend um Verständnis dafür werben, daß das für den Laien unverständliche Juristendeutsch notwendiges Übel zur Eindeutigkeit des Letzten Willens für alle Fälle ist. Es sollte klargestellt werden, daß der Brief kein neuer Letzter Wille ist, sondern nur als eine Auslegungshilfe für das Testament dient, das immer Vorrang hat (zur eindeutigen Identifizierung mit Datum versehen).

Zweckmäßig ist auch die Voranstellung der Grundziele des Erblassers, die seinen Letzten Willen bestimmt haben. Dabei sollte man sich nicht auf Leerformeln wie Gerechtigkeit und Streitvermeidung sowie Erhalt des Familienvermögens beschränken, sondern diese Grundsätze in eine Werteskala einordnen und mit eigener Lebenserfahrung aus der Familie oder der Bekanntschaft begründen, etwa daß Gerechtigkeit nicht unbedingt immer numerische Gleichbehandlung bedeutet, sondern auch bedürfnisbezogen ist, und daß Streitunterdrückung letztlich das beste für den Familienfrieden und den Vermögenserhalt ist. Das Ziel der Steuerersparnis zum Beispiel sollte konkretisiert werden mit der Empfehlung, daß man es als Erblasser hinnehmen würde, wenn die Erben deshalb – nach guter Beratung – die Erbschaft ausschlagen und eine andere steuersparende Verteilung des Nachlasses einmütig beschließen.

Ein besonderes erklärungsbedürftiges Problem sind regelmäßig die Schwiegerkinder; sie kommen in Testamentstexten erfahrungsgemäß nur für Eventualfälle (Scheidung) mit einem negativen Touch vor. Hier bedarf es eigentlich im Begleitbrief einer Ehrenerklärung, wie sie zum Beispiel der Vater von Grace Kelly in seinem Testament vorgenommen hat: „Ich möchte nicht den Eindruck erwecken, daß ich gegen Schwiegersöhne bin; wenn sie der richtige Typ sind, werden sie für sich selbst und ihre Familie sorgen, und was ich meinen Töchtern hinterlasse, wird helfen, die Rechnungen der Modeboutique zu bezahlen, die ganz beträchtlich sein können."

Ein besonders wichtiger Punkt im Sinne der Streitvermeidung ist der Vorschlag für die Verteilung der persönlichen Gegenstände des Nachlasses wie Schmuck, Antiquitäten, Familienerinnerungsstücke. Sie ist oft die Ursache für ewige Familienstreitigkeiten. Ein derartiger Vorschlag kann – statt verbindlicher Anordnung im Testament – auch in den Begleitbrief aufgenommen werden. Ein erprobtes System ist die aus einem Schweizer Kanton bekannte sogenannte Berner Häufelung, wonach das älteste Kind den Nachlaß teilt und das jüngste Kind dann die erste Wahl hat. Gebräuchlich ist auch eine interne Versteigerung, deren befriedender Erfolg wesentlich von der Person des Versteigerers abhängt, der deshalb vom Erblasser im Begleitbrief benannt werden sollte. Noch besser ist eine Verteilung der möglichen Streitobjekte durch den Erblasser selbst zu Lebzeiten: Der Schmuck wird auf Kassetten aufgeteilt, wobei jeweils eine einer Töchter zugeteilt ist und die Schwiegertöchter jeweils ein separiertes Schmuckstück erhalten.

Bei Kunstgegenständen erfolgt eine Zuteilung an bestimmte Kinder durch Zuschreibung auf den für Versicherungszwecke angefertigten Photos oder durch individuelle fälschungssichere Kennzeichnung am Kunstwerk selbst.

Schlußendlich sollte jeder Begleitbrief noch einige persönliche Ratschläge erteilen und Wünsche artikulieren, wie zum Beispiel den alleinstehenden Onkel nicht zu vergessen, ihn regelmäßig freitags um 19 Uhr anzurufen, ihn einmal im Monat zu besuchen und dabei die geliebten Ingwerfrüchte mitzubringen.

Und natürlich gehört der Begleitbrief in die Mappe „Im Falle meines Todes".

9. Richtige Vollmachten beschleunigen die Erbabwicklung

Hans Flick / Christian von Oertzen

Neben gut überlegten Testamenten sowie alle Eventualitäten abdeckenden Gesellschaftsverträgen sind Vollmachten wichtige Bausteine, um das Vermögen zügig und streitvermeidend im Rahmen einer Erbabwicklung zu verteilen. Ist Testamentsvollstreckung angeordnet, ist es sinnvoll, die Rechtsmacht des Testamentsvollstreckers über eine sogenannte post- oder transmortale Vollmacht zu verstärken. Das sind Vollmachten, die über den Tod des Erblassers hinaus wirksam bleiben oder erst mit dem Tode des Vollmachtgebers Rechtswirkung haben. Vorteil dieser Vollmachten ist, daß der Testamentsvollstrecker nicht bis zur Erteilung des Testamentsvollstreckerzeugnisses warten muß, um sich gegenüber den Banken legitimieren zu können oder um Grundstücke aus der Erbmasse auf die begünstigten Personen zu übertragen.

Bricht zum Beispiel ein Streit über die Wirksamkeit der Testamentsvollstreckeranordnung aus, kann durch Verfahrensanträge die Erteilung des Testamentsvollstreckerzeugnisses verzögert werden. Konsequenz ist, daß faktisch der Testamentsvollstrecker mangels gerichtlicher Legitimation im Rechtsverkehr nicht handeln kann. Mit der neben dem Testament erteilten Vollmacht ist hingegen sofortige Handlungsfähigkeit hergestellt. Dabei ist jedoch darauf zu achten, daß die Vollmachten so gestaltet werden, daß die Erben die Vollmacht nicht einfach widerrufen können. Sie sind zwingend notwendig, sofern Dauertestamentsvollstreckung für einzelkaufmännische Unternehmen oder für vollhaftende Personengesellschaftsbeteiligungen angeordnet ist. Denn nach bisher herrschender Ansicht kann ein Einzelunternehmen oder eine OHG-Beteiligung nicht im Rahmen einer Dauertestamentsvollstreckung durch einen Testamentsvollstrecker verwaltet werden. Hierzu bedarf es Ersatzkonstruktionen. Die post- und transmortalen Vollmachten gehören zu diesen Instrumentarien.

Auch wenn keine Testamentsvollstreckung angeordnet ist, sind derartige Vollmachten sinnvoll. Denn nur so können die Erben auch ohne Vorlage des Erbscheines mit der Nachlaßauseinandersetzung beginnen. Auf diese Weise erhalten sie Zugriff auf Konten zur Begleichung von Verbindlichkeiten, die – wie zum Beispiel Beerdigungskosten – sofort zu bezahlen sind. Und dies bereits zu einem Zeitpunkt, in dem noch kein Erbschein erteilt, das Testament noch nicht eröffnet oder der erste Streit um das Erbe noch nicht entschieden ist. Um den Erben die Erfüllung von ausgesetzten Vermächtnissen nicht selbst zu überlassen und dadurch Verzögerungen zu vermeiden, ist es sinnvoll, dem Vermächtnisnehmer die Erfüllung seines Vermächtnisses dadurch zu ermöglichen, daß er selbst eine auf diesen Punkt begrenzte Vollmacht erhält und die erforderlichen Rechtsgeschäfte unter Befreiung von den Beschränkungen des Selbstkontrahierens vornehmen darf.

Vollmachten sind aber auch in einem anderen Zusammenhang im Vorfeld des Erbfalles von besonderer Wichtigkeit: Der schlimmste Fall, den man sich vorstellen kann, ist, daß der Erblasser aufgrund eines Unfalls in einen Schwebezustand zwischen Leben und Tod versetzt wird, weil er im Koma liegt. Für diesen Fall sollte ebenfalls Vorsorge getroffen sein. Personen des Vertrauens sollten eine Generalvorsorgevollmacht erhalten, damit nicht vom Vormundschaftsgericht ein familienfremder Betreuer bestellt wird, der die anstehenden Angelegenheiten des Verunfallten regelt. Existiert eine entsprechende Generalvorsorgevollmacht, besteht kein Bedürfnis für die Einschaltung des Vormundschaftsgerichts. Wir raten in diesem Zusammenhang immer, diese Vollmacht nicht nur privatschriftlich abzufassen, sondern notariell zu beurkunden.

Dies löst zwar Notarkosten aus. Diese Kosten lohnen sich jedoch allemal, da der Notar Feststellungen über den Eindruck der Geschäftsfähigkeit des Vollmachtgebers macht und man diese Vollmachten seit einiger Zeit auch bei einem von der Bundesnotarkammer eingerichteten Register hinterlegen kann, so daß sie nicht in „Vergessenheit“ geraten können. Generalvorsorgevollmachten sollten neben rechtsgeschäftlichen Dingen auch Regelungen zur Gesundheitsfürsorge enthalten, also zum Beispiel die ausdrückliche Ermächtigung, daß der Bevollmächtigte gegenüber den Ärzten in Krankenakten einsehen kann, Behandlungen anordnen darf und in den Grenzen der aktuellen Rechtsprechung des Bundesgerichtshofes auch gegebenenfalls über den Behandlungsabbruch entscheiden darf, wenn die Krankheit einen irreversiblen, tödlichen Verlauf genommen hat.

Um zu verhindern, daß Geschäftspartner von diesen höchstpersönlichen Erklärungen erfahren, kann man diese in einer gesonderten Gesundheitsvollmacht abgeben, was die Notarkosten etwas erhöht. Sehr elegant ist die notarielle Beurkundung einer großen Generalvorsorgevollmacht mit unterschiedlichen Kapiteln, bei der unterschiedliche Ausfertigungen ausgegeben werden. Auszugsweise wird die Vollmacht für rechtsgeschäftliche Angelegenheiten erteilt und auszugsweise die Vollmacht für die Gesundheitsfürsorge.

Vollmachten sollten, ohne daß dies die Wirksamkeit gegenüber Dritten einschränkt, auch Erklärungen zu dem Auftragsverhältnis zwischen dem Bevollmächtigten und dem Vollmachtgeber zum Schutze des Bevollmächtigten enthalten. Ist ein Familienangehöriger Bevollmächtigter, so wird man im Innenverhältnis klarstellen, daß der Bevollmächtigte nur bei Vorsatz und grober Fahrlässigkeit haftet, aber nicht wie ein Vermögensverwalter für jedes Fehlverhalten. Gegebenenfalls wird man auch die Vergütung regeln. Wichtig ist auch, daß man einen Ersatzbevollmächtigten vorsieht, da den Bevollmächtigten dasselbe Schicksal wie den Vollmachtgeber ereilen kann. Erteilt man Vollmachten, sollte man sich auch immer über die Zuverlässigkeit, Charakterfestigkeit und Erreichbarkeit dieser Person im Notfall Gedanken machen.

10. Handlungsempfehlungen für den ungeregelten Nachlaß

Hans Flick / Christian von Oertzen

Trotz eines erhöhten Interesses der Öffentlichkeit an dem Thema Nachfolgeplanung und Erbe ist die geregelte Nachfolgeplanung die Ausnahme und die ungeregelte fast noch immer der Standardfall. Dennoch muß eine Familie, bei der ohne Testament ein Erbfall eintritt, nicht in Panik ausbrechen, wenn sie einige Grundsätze beachtet, um diese schwierige, aber auch sicherlich unnötige Situation zu meistern.

In den ersten sieben bis zehn Tagen nach dem Tod ist die Beerdigung zu organisieren. Hat der Erblasser für die Beerdigung keine besonderen Anordnungen hinterlassen, so steht dem Ehegatten die inhaltliche Ausgestaltung der Bestattung zu. Kinder haben dabei kein Mitspracherecht. Die Kosten müssen die Erben insgesamt tragen.

Das praktische Problem dabei ist: Sobald die Banken von dem Erbfall erfahren, sperren sie die Konten, deren alleiniger Inhaber der Erblasser war. Gleichzeitig werden die Kontenstände automatisch dem Fiskus gemeldet. Um die Erben nicht persönlich mit den Beerdingungskosten zu belasten, verfahren die meisten Banken so, daß sie auch einem noch nicht legitimierten Erben die Begräbniskosten gegen Vorlage einer entsprechenden Rechnung zu Lasten des Erblasserkontos erstatten. Da die Bank einen derartigen Service jedoch auf eigenes Risiko erbringt, weil derjenige, der die Auszahlung veranlaßt, nicht notwendigerweise auch Erbe sein wird, wird die Bank regelmäßig eine Verauslagung der Begräbniskosten nur gegen eine Haftungserklärung tätigen, durch welche die Bank von sämtlichen von den Erben herangetragenen Ansprüchen freigestellt wird.

War der Erblasser nicht Alleininhaber, sondern Inhaber eines Oderkontos, so ist die Verfügungsmacht über das Konto für den anderen Kontoinhaber weitergegeben, so daß insoweit Liquidität verfügbar bleibt.

Unverzüglich sollten in dieser ersten Phase auch Rentenversicherungsträger, Lebensversicherungsgesellschaften, Arbeitgeber oder sonstige Personen, von denen man Zahlungen erwartet, mit Sterbeurkunde informiert werden. Insbesondere Lebensversicherungsgesellschaften haben vertraglich vorgesehen, daß derartige Meldungen binnen weniger Tage mit Totenschein und gegebenenfalls ärztlicher Bescheinigung vorzuliegen haben.

Nach der Beerdigung sollten die Erben die persönlichen Unterlagen möglichst zügig sichten, um einen Überblick über Daueraufträge und über den Gesamtvermögensstand zu erhalten. Schließlich sollten die Erben nach der Beerdigung einen Erbschein beantragen, um sich erbrechtlich zu legitimieren. Soweit zugänglich, sollten die Unterlagen des Erblassers nach einem Testament untersucht werden. Sofern zu vermuten ist, daß in einem zwischenzeitlich von der Bank gesperrten Schließfach ein Testament verwahrt wird, muß beim Nachlaßgericht eine Nachlaßpflegschaft beantragt werden, um das Schließfach zu öffnen und nach dem Testament zu suchen. Binnen sechs Wochen, in welchen der Erbe von dem Anfall und Grund der Berufung Kenntnis erlangt hat, muß bei einem im Inland Verstorbenem Klarheit darüber existieren, ob eine Erbschaft angenommen oder ausgeschlagen wird. Existiert ein Testament, so beginnt die Frist erst mit Eröffnung des Testaments durch das Nachlaßgericht. Eine Ausschlagung kommt in Betracht, wenn der Nachlaß überschuldet ist. Alternativ kommen auch Nachlaßverwaltung oder Nachlaßinsolvenzverfahren in Betracht. Um derartige Maßnahmen zu ergreifen, muß jedoch schnell ein Überblick über die Vermögensverhältnisse des Verstorbenen bestehen.

Grundsätzlich haften die Erben für Nachlaßverbindlichkeiten persönlich und unbeschränkt. Das bedeutet, daß sie mit dem Bestand des Nachlasses und auch mit ihrem Eigenvermögen für die Schulden des Erblassers haften. Diese Haftung kann jedoch nachträglich beschränkt werden. Die hierfür vorgesehenen Möglichkeiten sind die erwähnte Nachlaßverwaltung oder die Nachlaßinsolvenz. Teilweise läßt sich die Haftungsbeschränkung auch durch das sogenannte Aufgebotsverfahren erreichen. Darüber hinaus hat der Erbe die Möglichkeit der Errichtung eines Inventars. Die Inventarerrichtung gibt dem Erben die Möglichkeit der Haftungsbeschränkung, bewirkt sie aber noch nicht.

Ein rechtzeitig errichtetes Nachlaßinventar begründet gegenüber den Gläubigern des Erblassers die Vermutung, daß im Erbfall weitere Nachlaßgegenstände als die im Inventar verzeichneten nicht vorhanden waren. Die Bedeutung des Inventars ist jedoch darauf eingeschränkt, daß sich diese Wirkung nur auf die Aktiva, nicht auf die Passiva erstreckt und nicht gegenüber den persönlichen Gläubigern des Erben, des Nacherben oder eines Miterbenden.

Hat man den Nachlaß gesichtet, sich einen Überblick über das Vermögen des Verstorbenen verschafft und liegt der Erbschein vor, beginnt die dritte Phase: Die Erbauseinandersetzungsphase, also die Verteilung des Erbes zwischen den Erbberechtigten. Man sollte nicht zu lange mit der Erbauseinandersetzung warten, weil dies gleichbedeutend ist mit der Verpflichtung der Abgabe gemeinschaftlicher Steuererklärungen und der Verpflichtung der dauerhaften gemeinschaftlichen Verwaltung. Die Verwaltung hat dabei grundsätzlich gemeinschaftlich und einstimmig zu erfolgen, was Investitionsentscheidungen erschweren kann.

Unsere Erfahrung dabei ist: Je länger ein Nachlaß ungeteilt bleibt, desto höher können die innerfamiliären Spannungen werden, da unterschiedliche Interessen mit dem Erbe verbunden sind. Der Sohn möchte bauen, die Tochter eine Weltreise finanzieren und der überlebende Ehepartner bangt um das Dach über dem Kopf. Ist eine eigengenutzte Immobilie in den Nachlaß gefallen, ist die gesamte Familie durch die Erbengemeinschaft an der Immobilie beteiligt. Hier sollte sich die jüngere Generation großzügig zeigen und, statt einen Mietvertrag mit dem überlebenden Ehepartner abzuschließen, dem überlebenden Ehepartner ein Wohnungs- oder Nießbrauchsrecht im Grundbuch eintragen lassen, damit dessen Rechtstellung und Wohnrecht auf Lebzeiten, aber auch gegen Tragung sämtlicher Hauskosten gesichert ist. Weil bei der Erbteilung die Interessen der Familienangehörigen hart aufeinandertreffen und eine objektive Sachentscheidung schwierig sein kann, kann es empfehlenswert sein, alsbald gemeinsam eine allgemein anerkannte Persönlichkeit mit der Erbauseinandersetzung „wie einen Testamentsvollstrecker“ zu betrauen.

11. So hilft man den Nachfahren beim Steuersparen

Hans Flick / Frank Hannes

Das Steuerrecht sollte man den Experten überlassen. Zu groß sind die Gefahren, die im Dickicht der Steuergesetze auf einen lauern. Und doch gibt es auch auf diesem Gebiet zahlreiche Möglichkeiten und Anlässe, den Nachfahren bei der Abwicklung des Nachlasses das Leben zu erleichtern. Hierzu gehört zum einen der lebzeitige Aufbau einer Vermögensstruktur, welche es den Erben ermöglicht, die meist kurzfristig fällig werdende Erbschaftsteuer fristgerecht zu zahlen, ohne daß es zu einem verlustträchtigen Notverkauf von Nachlaßgegenständen kommen muß. Auch sollten steuerliche Tretminen im Nachlaßvermögen entschärft und „Leichen im Keller" ans Tageslicht befördert und endgültig begraben werden.

Im Hinblick auf die steuerliche Abwicklung des Nachlasses gibt es zahlreiche nur dem Erblasser bekannte Informationen, die er seinen Nachfahren, etwa in der extra angelegten Dokumentenmappe „Im Falle meines Todes", mitteilen und nicht mit ins Grab nehmen sollte. Viele Steuerbegünstigungen bedürfen zu ihrer Inanspruchnahme eines besonderen Nachweises, der den Nachfahren häufig nicht gelingt. Ein Beispiel hierfür bildet der Zugewinnausgleichsanspruch des längerlebenden Ehepartners, den das Gesetz erbschaftsteuerfrei stellt und der auch dann, wenn der Längerlebende ihn überhaupt nicht geltend macht, fiktiv zur Ermittlung des steuerfreien Teils der Erbschaft berechnet wird. Zur Berechnung des Zugewinnausgleichsanspruchs aber bedarf es einiger, häufig nur dem Erblasser bekannter Informationen. Zu ermitteln ist zum einen das Vermögen beider Eheleute zum Zeitpunkt des Erbfalls, das sogenannte Endvermögen. Dies wird noch relativ leichtfallen. Zum anderen aber ist auch das Anfangsvermögen der Eheleute zu ermitteln, also das Vermögen, das beide Eheleute hatten, als sie heirateten, oder, wenn sie zunächst in Gütertrennung lebten, zu dem Zeitpunkt, als sie, möglicherweise in modifizierter Form, wieder den Güterstand der Zugewinngemeinschaft wählten. Bekannt ist dem längerlebenden Ehegatten meist nur das damalige Aktivvermögen des Verstorbenen, seltener aber die damals bestehenden Verbindlichkeiten, insbesondere wenn diese nicht in vollem Umfang dinglich besichert waren. Je niedriger jedoch das Anfangsvermögen des verstorbenen Ehegatten war, desto höher fällt der Zugewinnausgleichsanspruch und damit der erbschaftsteuerliche „Freibetrag" des Längerlebenden aus. Dies verschärft sich noch dadurch, daß seit einigen Jahren auch die Finanzverwaltung zur Ermittlung des Zugewinnausgleichsanspruchs das Anfangsvermögen hochindexiert, also in heutiger Kaufkraft ausdrückt, was den Zugewinnausgleichsanspruch nochmals verringern kann.

Ein Beispiel mag dies veranschaulichen: Herr Meier hinterläßt seiner Ehefrau ein Vermögen im Verkehrswert von EUR 2,5 Millionen. Frau Meier hat selbst ein Vermögen im Wert von EUR 1 Million. Als die beiden 1970 heirateten, hatte Frau Meier noch kein Vermögen, ihr Mann aber bereits eine Immobilie, eine Beteiligung am väterlichen Unternehmen und ein Auto im Gesamtwert von EUR 550.000. Nach heutiger Kaufkraft hätte sein Anfangsvermögen einen Wert von EUR 1,5 Millionen, so daß er während der Ehe EUR 1 Million hinzugewonnen hat. Frau Meier hatte ebenfalls einen Zugewinn von EUR 1 Million, so daß ihr kein Zugewinnausgleichsanspruch zusteht.

Hingegen hätte sie Zugewinnausgleich und den daraus erwachsenen Erbschaftsteuerfreibetrag beanspruchen können, wenn ihr bekannt gewesen wäre, daß ihr Mann seinerzeit den Erwerb der Unternehmensbeteiligung, des Autos und teilweise auch der Immobilie über ein Darlehen seines Vaters finanziert hatte, welches er während der Ehezeit durch Verrechnung mit Unternehmensgewinnen und somit für Frau Meier unbemerkt zurückzahlte. Zum Zeitpunkt der Heirat betrug das Darlehen noch EUR 370.000. Das Anfangsvermögen des Herrn Meier belief sich somit tatsächlich nur auf EUR 180.000, nach heutiger Kaufkraft circa EUR 500.000. Sein Zugewinn betrug damit aber EUR 2 Millionen, also EUR 1 Million mehr als der seiner Ehefrau. Daraus ergibt sich für Frau Meier ein Zugewinnausgleichsanspruch in Höhe der Hälfte des Mehrerwerbs des Ehemannes, somit in Höhe von EUR 500.000. Dieser Teil ihres Erbes ist erbschaftsteuerfrei, sie spart EUR 95.000 Erbschaftsteuer.

Auch zur Sicherstellung der steuerbegünstigten Vererbung von Kunstgegenständen kann der künftige Erblasser durch ausreichende Dokumentation Hilfestellung leisten. So bleibt der Erwerb von Kunst- und Kulturgütern in Höhe von 60 Prozent ihres Wertes steuerfrei, wenn ihre Erhaltung im öffentlichen Interesse liegt, die jährlichen Kosten in der Regel die erzielten Einnahmen übersteigen und die Gegenstände in angemessenem Umfang der Forschung oder der Volksbildung nutzbar gemacht werden. Zwar können diese Voraussetzungen auch noch vom Erben erfüllt werden, jedoch sind die nicht selten weniger kunstinteressierten Nachfahren damit häufig überfordert. Zur vollständigen Steuerbefreiung kommt es sogar, wenn die Kunst- oder Kulturgüter seit zwanzig Jahren im Familienbesitz sind und die Erben bereit sind, sie den Bestimmungen der Denkmalpflege zu unterstellen. Die Dauer der Zugehörigkeit zum Familienbesitz ist aber oft nur dem Sammler selbst, also dem Erblasser bekannt. Dies gilt vor allem bei Kunstsammlungen. Denn bei der Prüfung der Besitzzeit einer Sammlung ist nicht auf die einzelnen Gegenstände der Sammlung abzustellen, sondern auf die Existenz der Sammlung als solcher.

Auch kann es sich lohnen, die Erben darüber zu informieren, was man selbst von den Eltern oder der Ehefrau von Todes wegen erworben hat. Liegt die eigene Erbschaft nämlich noch nicht länger als zehn Jahre zurück, können die eigenen Abkömmlinge oder der längerlebende Ehegatte hinsichtlich dieses Teils des Nachlaßvermögens besondere Ermäßigungen in Anspruch nehmen. Sie sind jedoch vor allem dann auf Informationen angewiesen, wenn die Erbschaftsgegenstände zwischenzeitlich veräußert und in neue Vermögensanlagen investiert wurden.

Gleiches empfiehlt sich auch dem längerlebenden Ehegatten kinderloser Ehepaare, die in gemeinsamer, den Längerlebenden bindender letztwilliger Verfügung Geschwister oder Neffen und Nichten des Erstverstorbenen bedacht haben. Die Bedachten erben, da nicht mit dem Längerlebenden verwandt, in ungünstigster Steuerklasse III. Soweit sie jedoch Vermögen erwerben, daß der Längerlebende seinerseits vom Erstverstorbenen erworben hat, in günstigerer Steuerklasse II.

Schließlich empfehlen sich in der Dokumentenmappe auch noch Warnhinweise auf steuerliche Sperrfristen. Zwar werden die Erben hierüber auch regelmäßig durch ihren Steuerberater informiert. Fehlt ihnen jedoch bereits das Problembewußtsein, wird die fachmännische Hilfe erst gar nicht in Anspruch genommen, und es kommt zu teuren Fehlern. Von besonderer Bedeutung ist die fünfjährige Behaltensfrist für Betriebsvermögen. Wer die obengenannte Steuerbefreiung für den Erwerb von Kunst- und Kulturgütern in Anspruch genommen hat, muß diese Gegenstände sogar zehn Jahre behalten. Schließlich kann ein schlecht geregelter Erbfall auch zur ertragsteuerlichen Belastungen führen, die nach dem Erbfall meist nur noch durch Ausschlagung (gegen Abfindung) beseitigt werden können, für die aber ebenfalls eine sehr kurze Frist von grundsätzlich sechs Wochen zu beachten ist. Schon aus diesem Grunde kann es sich statt vieler Warnhinweise auch empfehlen, daß sich der Erblasser darauf beschränkt, seinen Erben anzuraten, bereits kurz nach dem Erbfall die sich aus seiner letztwilligen Verfügung ergebenden steuerlichen Auswirkungen durch Fachleute prüfen zu lassen, damit noch frühzeitig korrigierende Gestaltungsmaßnahmen ergriffen werden können.

12. Mit Lebensversicherungen Erbschaftsteuern sparen

Hans Flick / Wolfgang Onderka

Die Kapitallebensversicherung hat sich in den letzten Jahren zu einer Allzweckwaffe für die Absicherung der Altersversorgung und beinahe alle Finanzierungsfragen entwickelt. Eine maßgebliche Rolle spielen bei den in diesem Zusammenhang angestellten Überlegungen stets die steuerlichen, gemeint sind die ertragsteuerlichen, Rahmenbedingungen. Nachdem sich diese mit dem sogenannten Alterseinkünftegesetz ab 2005 nachteilig verändert haben, war die Beunruhigung bei Versicherern und potentiellen Kunden entsprechend groß. Genauso groß war die Versuchung, schnell Verträge abzuschließen, solange die seinerzeitige ertragsteuerliche Freistellung noch galt.

Erstaunlicherweise machen sich aber nur die wenigsten Versicherungsnehmer Gedanken über die erbschaftsteuerlichen Auswirkungen eines solchen Vertragsschlusses. Diese können allerdings erheblich sein. Der gutverdienende Ehemann, der seine Frau als Bezugsberechtigte für seine Lebensversicherung benennt, bedenkt nicht, daß im Falle seines Todes die Auszahlung der Versicherungssumme bei seiner Frau als Schenkung besteuert wird. Je nach Höhe des ansonsten vererbten Vermögens und der noch zur Verfügung stehenden Freibeträge fließt also ein Teil der zur Versorgung der Ehefrau gedachten Versicherungssumme an den Fiskus. Hieran ändert sich nichts, wenn die Ehefrau nach Übertragung der Bezugsberechtigung selber die Versicherungsprämien zahlt. Im Gegenteil. Je nach den getroffenen Vereinbarungen könnte das Finanzamt den Vorgang dann sogar in zweierlei Hinsicht als steuerpflichtig ansehen: Zuerst schenkt die Ehefrau ihrem Mann, der ja im Verhältnis zum Versicherungsunternehmen weiterhin als Versicherungsnehmer die Beiträge schuldet, die von ihr getragenen Prämien, danach schenkt der Ehemann seiner Frau die Versicherungssumme. Hätte die Ehefrau demgegenüber selbst den Versicherungsvertrag abgeschlossen und auch die Prämien entrichtet, wäre der Erwerb der Versicherungssumme beim Tode ihres Mannes erbschaftsteuerfrei angefallen.

Wollen sich die Ehegatten gegenseitig absichern, kann sich der Abschluß einer verbundenen Lebensversicherung anbieten. Die beiden Ehegatten schließen hierbei gemeinsam eine Lebensversicherung auf das Leben des zuerst versterbenden Ehegatten ab. Der längerlebende Ehegatte erhält die Versicherungssumme dann zur Hälfte steuerfrei. Die Finanzverwaltung geht nämlich wegen der engen persönlichen Bindungen untereinander grundsätzlich von einer im Innenverhältnis vereinbarten hälftigen Verpflichtung zur Beitragszahlung aus. Der längerlebende Ehegatte erhält daher die Versicherungsleistung zur Hälfte in seiner Eigenschaft als Versicherungsnehmer und nur zur Hälfte als steuerpflichtige unentgeltliche Zuwendung.

Interessante Sparmöglichkeiten bestehen nach derzeitiger Gesetzeslage auch bei der lebzeitigen Übertragung eines noch nicht fälligen Versicherungsvertrages. Bemessungsgrundlage für die Schenkungsteuer ist dann nämlich nicht der Rückkaufswert oder gar die vereinbarte Versicherungssumme, sondern auf Wunsch der Beteiligten nur zwei Drittel der bisher eingezahlten Prämien. Besonders gegen Ende der Vertragslaufzeit ergibt sich auf diese Weise im Verhältnis zum Rückkaufswert der Versicherung, dem eigentlichen Verkehrswert, ein erheblicher Abschlag von teilweise über 50 Prozent. Die im Bewertungsgesetz verankerte günstige Besteuerung der Übertragung eines noch nicht fälligen Versicherungsvertrags war ursprünglich als Vereinfachungsregel gedacht, um nicht im Einzelfall aufwendige Berechnungen zur Ermittlung des Rückkaufswerts anstellen zu müssen. Dieses Relikt alter Tage wird im heutigen Computerzeitalter vielfach als überholt angesehen. Schon mehrfach hatte der Gesetzgeber die Initiative ergriffen und eine Streichung dieser Begünstigung angestrebt – bisher zwar ergebnislos. Die Tage dieser eigentlich nicht zu rechtfertigenden Vergünstigung sind aber wohl gezählt.

Kurzfristiges Handeln ist also für denjenigen angezeigt, der noch in den sicheren Genuß der Zweidrittel-Bewertung kommen will. Besonders bei Übertragungen kurz vor Ende der Laufzeit der Versicherung können sich hierbei erhebliche Einsparungen ergeben, die insbesondere für Personen der hohen Steuerklasse II und III, zum Beispiel also für Lebensgeführten, interessant sind. Das gilt aber grundsätzlich nur dann, wenn der Versicherungsvertrag tatsächlich mit sämtlichen Rechten und Pflichten übertragen wird und der neue Versicherungsnehmer auch die Zahlung der zukünftigen Prämien übernimmt. Zahlt demgegenüber der bisherige Versicherungsnehmer die Prämien weiter, wird eine mittelbare Schenkung angenommen; Bemessungsgrundlage für die dann erst mit Eintritt des Versicherungsfalls vollzogene Schenkung ist dann die hohe Versicherungssumme.

Als typischer sogenannter Vertrag zugunsten Dritter kann aber auch die bloße Benennung eines Bezugsberechtigten für denjenigen interessant sein, den die steuerlichen Auswirkungen nicht schrecken. Die dem Bezugsberechtigten zustehende Versicherungsleistung fällt nämlich beim Tod des Versicherungsnehmers nicht in dessen Nachlaß, ist also von sämtlichen Schwierigkeiten der Nachlaßauseinandersetzung nicht betroffen. Der Bezugsberechtigte erhält die Versicherungssumme beim Tode des Versicherungsnehmers quasi „am Nachlaß vorbei", teilweise sogar ohne Kenntnis der Erben. Mittelbar können hierdurch sogar Pflichtteilsansprüche reduziert werden. Zwar können durch die unentgeltliche Zuwendung Pflichtteilsergänzungsansprüche entstehen, Bemessungsgrundlage für deren Höhe ist aber nicht etwa die ausgezahlte Versicherungssumme, sondern die Summe der bis zum Erbfall geleisteten Prämien. Ist der Bezugsberechtigte zugleich Erbe, kann er die Erbschaft ausschlagen, erhält dann aber trotzdem die Versicherungssumme.

Eine Lebensversicherung schützt leider nicht vor dem Tod. Richtig eingesetzt, kann sie aber wesentlich dazu beitragen, dessen Folgen für die Hinterbliebenen zumindest finanziell erträglicher zu machen.

13. Schwierige Beraterwahl – Hilfspersonen in der Erbfolgeplanung

Hans Flick

Die Frage, ob man für die Nachfolgeplanung einen Berater braucht und aus welcher Berufsgruppe dieser auszuwählen ist, ist aus mehreren Gründen in Deutschland besonders schwierig zu beantworten.

In Deutschland ist nämlich – anders als in Großbritannien und den USA – die Beraterschaft für Nachfolgefragen segmentiert. Notare, Steuerberater und Rechtsanwälte bearbeiten oft nur „ihren" Teil der Erbfolgeregelung und vernachlässigen dabei manchmal andere Teile sowie menschlich-psychologische und unternehmerische Aspekte. Nach einer Emnid-Studie werden Testamente zu 33 Prozent mit Hilfe eines Notars, zu 12 Prozent mit Unterstützung eines Rechtsanwaltes und zu 4 Prozent im Beistand eines Steuerberaters verfaßt, über die Hälfte ohne fachkundige Hilfe. Meistens wird nur passiv beraten, die potentiellen Klienten werden nicht – wie es eigentlich erforderlich ist – angestoßen und angehalten. Nur 30 Prozent aller Deutschen sterben mit einer letztwilligen Verfügung, 70 Prozent untestiert.

Die Erbregelung wird bisher regelmäßig nur bruchstückhaft und zeitversetzt vollzogen: der Ehevertrag bei Heirat, der Gesellschaftsvertrag bei Unternehmensgründung, der Pflichtteilsverzicht bei Volljährigkeit der Kinder, das Testament vor einer schwierigen Operation oder einer großen Reise. Es fehlt das allgemeine Bewußtsein, daß all diese Akte in der Erbfolgeregelung zusammenwirken, einer ganzheitlichen Betrachtung bedürfen, die erb- und familienrechtliche, erbschaft- und einkommensteuerliche, menschlich-psychologische und vermögensmäßige wie unternehmerische Aspekte integriert – eine Erkenntnis, die in England und Amerika zur Spezialisierung von Rechtsanwälten als Erbfolgeplaner (estate planning) geführt hat. Derartige Kompetenzkonzentration in einer Hand beginnt sich in Deutschland – bis auf wenige Ausnahmen – erst in jüngster Zeit zu entwickeln.

Auf der Basis der vorstehenden Bestandsaufnahme der Beratungsszene ergeben sich die folgenden praktischen Konsequenzen:

Stellt man sich als potentieller Erblasser – trotz des Widerstandes aus dem Unterbewußtsein – der Notwendigkeit einer Erbfolgeregelung, ist zunächst die Frage zu beantworten, ob man im konkreten Falle überhaupt eine fachliche Beratung braucht. Als Argument dagegen wird meist vorgebracht, das Vermögen sei relativ bescheiden, die Familienverhältnisse seien geordnet, man sehe die gesetzliche Erbfolge als gerecht an. Letzteres ist nur dann richtig, wenn man sich der kraß unterschiedlichen Erbquoten je nach ehelichem Güterstand bewußt ist (Ehegatte bei Zugewinn 50 Prozent pauschal, bei Gütertrennung 25 Prozent oder bei der Ein- oder Zweikind-Ehe 50 Prozent bzw. 33 Prozent). Das Vermögen sollte leicht aufteilbar sein und die erbschaftsteuerlichen Freibeträge nicht oder nur unbedeutend überschritten werden (Ehegatte EUR 307.000, je Kind EUR 205.000). Zu überlegen ist in diesen Fällen, ob man zur Streitvermeidung bei der Auseinandersetzung wenigstens einen Testamentsvollstrecker testamentarisch benennen sollte.

Kommt man bei diesen Überlegungen zu dem Ergebnis, daß ein Testament notwendig ist, um besonders den überlebenden Ehegatten zu schützen (dies ist in 75 Prozent aller Testamente das tragende Motiv), und entscheidet sich für ein Ehegattentestament, so muß man aufpassen, daß nicht der gegenteilige Effekt eintritt (Verfügungsbeschränkungen des überlebenden Ehegatten, doppelter Pflichtteilsanspruch der Kinder, Liquiditätsentzug des Nachlasses durch Pflichtteilsansprüche). Auch in diesen Fällen sollte die Erbschaftsteuerbelastung im Bagatellbereich bleiben.

Stellt man danach fest, daß eine Beratung doch notwendig ist, sollte man nicht den billigsten, sondern den preiswertesten Weg suchen. Eine Bank, die kostenlose Testamente gegen Testamentsvollstreckung verspricht, hat sicherlich nicht in erster Linie das Wohl der Erben im Auge. Ein Rechtsanwalt als Tischherr auf der Sommerfeier des Golfclubs ist auch nicht die richtige Auskunftsperson. Ein schneller notarieller Samstagmorgentermin bei einem Rotarier-Freund wird der Sache nicht gerecht. Ein sorgfältig ausgesuchtes Musterbuch mag bei den Fällen 1 und 2 hilfreich sein, versagt aber bei komplizierteren Fällen, die vom Sachverhalt her eine Individuallösung erfordern.

Die notwendige ganzheitliche Betrachtung einerseits und die Segmentierung der Beraterschaft andererseits machen eine Beratung dann schwierig, wenn sie nicht aus einer Hand kommt und alle vier Aspekte umfassen soll. Sie führt zur Verdoppelung der Gebühren und Reibungsverlusten, die die notwendig zügige Erledigung der Erbregelung letztlich verhindern.

Die erfolgreichste Kombination mehrerer Berater ist dabei der etatmäßige Steuerberater und ein auf Erbrecht spezialisierter Rechtsanwalt oder der Hausnotar: Der Steuerberater kennt meist am besten die Vermögensverhältnisse des Erblassers und auch das persönliche Umfeld. Zwischen Steuerberater und Anwalt oder Notar wird sich auch leicht ein Honorar-Arrangement ergeben. Die zusätzliche Notargebühr sollte man überdies nicht als Kosten, sondern immer als „Versicherungsgebühr" gegen Anfechtung des Testaments verstehen. Der etatmäßige Steuerberater wird auch am ehesten erkennen, wenn die Hinzuziehung eines externen Experten notwendig ist.

Bei komplizierten persönlichen Fällen, die eine längere Planung notwendig machen, um Erbschaftsteuerersparnisse zu realisieren und Pflichtteilsansprüche zu minimieren sowie Streit zu vermeiden, kann die Hinzuziehung eines auswärtigen ausgewiesenen Spezialisten für Nachfolgeplanung angezeigt sein.

Auswahllisten, die auf Kollegenbenennung und einschlägigen Veröffentlichungen beruhen, gibt es in verschiedenen Zeitschriften und Ratingbüchern. Sie sollte man jedoch nur zur Vorauswahl nutzen, um dann Erkundigungen bei Bekannten einzuziehen. Ratsam ist auch ein „Beauty Test", um zu prüfen, ob die persönliche Chemie stimmt und außerdem beim Berater die notwendige Praxiserfahrung für die konkrete Situation vorhanden ist. Zwar werden die Kosten in diesen Fällen höher sein, aber im Verhältnis zum Nutzen immer noch relativ gering.

14. Der Testamentsvollstrecker

Hans Flick / Christian von Oertzen

Eine wichtige, dominierende Rolle kommt dem Testamentsvollstrecker zu, wenn der Erblasser in seinem Testament anordnet, daß dieser und nicht die Erben den Nachlaß verwalten und/oder auseinandersetzen soll. Aufgabe des Testamentsvollstreckers ist es, die letztwillige Verfügung des Verstorbenen auszuführen. Er hat nach den Vorgaben des Erblassers die Auseinandersetzung des von ihm in Besitz genommenen Nachlasses zu betreiben oder den Nachlaß für bestimmte Zeit oder auf Dauer zu verwalten. Die Verwaltungsvollstreckung darf nicht mehr als dreißig Jahre betragen. Ist der Testamentsvollstrecker keine juristische, sondern eine natürliche Person, so kann die Testamentsvollstreckung auch länger dauern. Der Erblasser kann nämlich anordnen, daß die Verwaltung bis zum Tode des Erben oder des Testamentsvollstreckers oder bis zum Eintritt eines anderen Ereignisses (wie zum Beispiel einer Heirat) in der Person des einen oder des anderen fortdauern soll. So lange andauernde Testamentsvollstreckungen haben sich aber in der Praxis selten bewährt.

Ein Testamentsvollstrecker wird nicht in jedem Fall benötigt, auch nicht unbedingt bei größerem Vermögen. Die Erbauseinandersetzung ohne Testamentsvollstreckung ist sogar die Regel. Tatsächlich ist ein Testamentsvollstrecker nur in besonderen, außerordentlichen Situationen sinnvoll, zum Beispiel aufgrund von persönlichen Umständen, wenn ein Kind oder Enkel behindert ist, dauerhaft ortsabwesend sein wird oder noch nicht in dem Alter ist, selbst und alleine das Vermögen zu verwalten. Ähnliches gilt bei dem Zusammentreffen von Kindern oder Ehegatten aus verschiedenen Ehen. Aus der Struktur des Vermögens kann sich ebenfalls die Notwendigkeit der Testamentsvollstreckung ergeben. Dies kann auch bei unternehmerischen Beteiligungen der Fall sein. Doch auch in einer derartigen Situation ist die Testamentsvollstreckung individuell einzustellen, da sie entmündigend wirken kann.

Dem Testamentsvollstrecker kommen große Machtbefugnisse zu, da er auch gegen den Willen der Erben Nachlaßbestandteile verkaufen oder auf einzelne Erben übertragen kann. Verschenken darf er sie jedoch nicht. Aufgrund dieser umfangreichen Machtfülle sollte der Erblasser keineswegs diese noch dadurch verstärken, daß man ihn auch gleichzeitig zum Schiedsrichter bei Streitigkeiten zwischen den Erben beruft. Auch sollte der Erblasser bei der Gestattung des Selbstkontrahierens für den Testamentsvollstrecker vorsichtig sein. Bei einem Berater, der sich unaufgefordert in das Testament als Testamentsvollstrecker und Schiedsrichter hineinschreibt und sich gleichzeitig zum Beiratsvorsitzenden des Unternehmens erhebt, sollten für den Erblasser rote Warnlichter angehen. Denn hier wird deutlich, daß der Berater über das Amt des Testamentsvollstreckers versucht, sich und seine Nachfolger selbst honorarträchtig zu verewigen, statt den Willen des Erblassers zutreffend umzusetzen.

Selbst wenn die Testamentsvollstreckung dem Grunde nach sinnvoll ist, muß nicht eine allumfassende Testamentsvollstreckung angeordnet werden. So können durchaus Teile des Vermögens ausgenommen werden oder bei Beteiligungen die Kompetenzen zwischen dem Erben als Gesellschafter und dem Testamentsvollstrecker verteilt werden. Dies kann beispielsweise so aussehen, daß Testamentsvollstrecker und Erbe gemeinschaftlich bei großvolumigen Ausschüttungen im Unternehmen zustimmen müssen. Sollen aber nicht mehr als 20 Prozent des Jahresüberschusses ausgeschüttet werden, könnte der Erbe diese Frage durchaus allein entscheiden.

Der Testamentsvollstrecker sollte noch geistig frisch und körperlich auf der Höhe sein, da dieses Amt äußerst arbeitsintensiv ist. Im Zweifel sollte er jünger als der Erblasser sein. Zumindest sollte sicherheitshalber ein Ersatztestamentsvollstrecker benannt werden, falls die ausersehene Person vorher verstirbt oder während der Dauer der Testamentsvollstreckung verstirbt oder aus sonstigen Gründen das Amt niederlegen sollte.

Das Amt beginnt kurzfristig nach dem Tode und der Annahmeerklärung mit der Erstellung eines Nachlaßverzeichnisses. Dies bedeutet, daß der Testamentsvollstrecker gleich zu Beginn des Amtes einen sehr unangenehmen Auftrag zu erfüllen hat: Er muß quasi Schlafzimmer und Wohnzimmer des Erblassers sichten, um festzustellen, welche Teile des Inventars in den Nachlaß fallen und welche nicht. Scheut sich der Testamentsvollstrecker vielleicht aus Pietät dies zu tun, so begeht er gleich zu Beginn eine Pflichtverletzung, die unter Umständen Schadenersatzansprüche gegen ihn auslösen können, sollten Gegenstände abhanden kommen. Er hat die letzten Einkommensteuererklärungen des Erblassers abzugeben sowie die Erbschaftsteuererklärungen für die Erben. Dabei erhebt sich unter Umständen die Frage nach bisher verschwiegenen Ertragsquellen. Er haftet auch für die Bezahlung der Erbschaftsteuer.

Die Testamentsvollstreckung kann ein sinnvolles Mittel der Erbabwicklung sein, trägt aber auch die Gefahr in sich, daß erhebliche Kollateralschäden an der Seele der Erben oder wegen der erheblichen Vergütungsansprüche in dem zu vollstreckenden Vermögen eintreten können. Die Persönlichkeit des Testamentsvollstreckers muß deswegen integer sein. Vergütungsfragen sollten auch testamentarisch festgelegt und vor Antritt des Amtes geklärt sein.

Die Anordnung einer Testamentsvollstreckung ist auch pflichtteilsrechtlich nicht unproblematisch. Denn wird eine Testamentsvollstreckung angeordnet, so können die Erben, selbst wenn sie ihren gesetzlichen Erbteil erhalten, das Erbe ausschlagen und statt dessen ihren Pflichtteil verlangen, also den Geldanspruch, gerichtet gegen den Nachlaß, orientiert an den Verkehrswerten in Höhe von der Hälfte ihrer gesetzlichen Erbquote. Das, was der Erblasser mit der Anordnung der Testamentsvollstreckung vermeiden wollte, hat er dann selbst ausgelöst: die Zerschlagung des Nachlasses. Die Testamentsvollstreckung ist damit ein komplexes Steuerungsinstrument, das man nur wohldosiert und unabhängig beraten einsetzen sollte.

Anhang

Teil I

Der Ordner „Im Falle meines Todes“

Inhalt

1. Das Testament

Das Testament (ebenso wie ein – in der Praxis allerdings seltener – Erbvertrag) ist der Grundbaustein einer erfolgreichen Nachfolgeplanung. Hierzu ist regelmäßig der Rat eines fachkundigen Spezialisten (Rechtsanwalt, Notar) erforderlich. „Selbstgestrickte“ Testamente enthalten nach aller Erfahrung Fehler, die vielfach den Familienfrieden und/oder das Familienvermögen nachhaltig schädigen.

Das Testament sollte an einem Ort aufbewahrt werden, an dem sein Auffinden sichergestellt ist. Das kann der Ordner „Im Falle meines Todes“ sein. Besser ist es, das Testament in amtliche Verwahrung bei einem Amtsgericht zu geben. In dem Ordner befindet sich dann eine Kopie des Testaments und der (Original-)Hinterlegungsschein. Wird das Testament im Privatsafe verwahrt, sollte die Codenummer oder der Ort des Schlüssels benannt werden. Das gleiche gilt für gesondert errichtete Testamente über Auslandsvermögen.

Ist ein mit dem Ehepartner gemeinsam errichtetes Ehegattentestament nach dem Tod des Ehegatten bereits eröffnet worden, sollte dies an dieser Stelle vermerkt werden (Aktenzeichen des Nachlaßgerichts, Datum der Testamentseröffnung).

2. Der Begleitbrief

Der Begleitbrief enthält Ausführungen, die sich direkt an die Erben wenden. Hier kann – ohne Verwendung des bei Erstellung des Testaments unvermeidbaren juristischen Fachvokabulars – mit eigenen Worten erläutert werden, welche Regelungen warum getroffen wurden. Der Begleitbrief muß immer mit dem Testament abgestimmt sein und klarstellen, daß er kein neuer Letzter Wille ist, sondern nur als eine Auslegungshilfe für das Testament dient, das immer Vorrang hat. Zur eindeutigen Identifizierung sollte er mit einem Datum versehen sein.

Weitere Hinweise zum Begleitbrief finden Sie im Kapitel „Der Begleitbrief zum Testament" auf Seite 30ff.

3. Persönliche Daten

Eigene Daten

Vorname, Nachname
(ggf. Geburtsname): ______________________________
Geburtsdatum, Ort: ______________________________
Familienstand: __________________________________
Güterstand: _____________________________________
Anschrift: ______________________________________
____
____

Daten des Ehepartners (auch wenn bereits vorverstorben)

Name des Ehepartners
(ggf. Geburtsname): ______________________________
Geburtsdatum, Geburtsort: ________________________
Anschrift: ______________________________________
____
____
Telefon: ____
gestorben (Datum, Ort) ___________________________

Daten des geschiedenen Ehepartners (auch wenn bereits vorverstorben)

Name des geschiedenen Ehepartners
(ggf. Geburtsname): ______________________________
Geburtsdatum, Geburtsort: ________________________

Anschrift: ____

____

____

Telefon: ____

gestorben (Datum, Ort) __________________________________

Daten der Kinder und sonstiger Abkömmlinge (auch wenn bereits vorverstorben)

Vorname, Name (ggf. Geburtsname)

1. Kind: ____

Geburtsdatum, Geburtsort: ________________________________

Anschrift: ____

____

____

Telefon: ____

gestorben (Datum, Ort) __________________________________

Vorname, Name (ggf. Geburtsname)

2. Kind: ____

Geburtsdatum, Geburtsort: ________________________________

Anschrift: ____

____

____

Telefon: ____

gestorben (Datum, Ort) __________________________________

Vorname, Name (ggf. Geburtsname)

3. Kind: ____

Geburtsdatum, Geburtsort: ________________________________

Anschrift: ____

____

____

Telefon: ____

gestorben (Datum, Ort) __________________________________

weitere Kinder und Abkömmlinge (z. B. Enkelkinder) auf gesondertem Blatt

Daten der Eltern

Name des Vaters: ______________________________
Geburtsdatum, Geburtsort: ______________________
ggf. Anschrift: ________________________________
____
____
ggf. Telefon: _________________________________
gestorben (Datum, Ort) __________________________

Name der Mutter
(ggf. Geburtsname): ____________________________
Geburtsdatum, Geburtsort: ______________________
ggf. Anschrift: ________________________________
____
____
ggf. Telefon: _________________________________
gestorben (Datum, Ort) __________________________

4. Persönliche Urkunden

An dieser Stelle des Ordners sollten wichtige persönliche Urkunden aufbewahrt werden. Am besten handelt es sich um die Originale. Ist das nicht gewünscht oder nicht möglich, sollten zumindest Kopien mit dem Hinweis auf den Fundort der Originale aufbewahrt werden.

Um den Ordner nicht zu überfrachten, sollten an dieser Stelle tatsächlich nur wichtige Dokumente abgeheftet werden. Welche Dokumente wichtig sind, ist stets eine Frage des Einzelfalls. Regelmäßig handelt es sich hierbei um Personenstandsurkunden und vergleichbare Dokumente. Insbesondere folgende Urkunden kommen in Betracht:

- Geburtsurkunde
- Sterbeurkunde von Ehegatte oder Kindern
- Familienbuch
- Personalausweis/Reisepaß
- Eheverträge
- Pflichtteilsverzichtsverträge
- (sortierte) Scheidungsakte
- Akte Vaterschaftsprozeß
- Schenkungen von Todes wegen (Verträge zu Gunsten Dritter)
- Verzeichnis größerer Vorschenkungen
- Patientenverfügung (vgl. Hinweise auf Seite 104ff.)
- Betreuungsverfügung (vgl. Hinweise auf Seite 115ff.)
- Organspenderausweis

5. Vollmachten

Folgende Personen besitzen Vollmacht (für den Todesfall, über den Todesfall hinaus: Kopien der Vollmachtsurkunden beifügen):

Generalvollmacht

Name des Bevollmächtigten: ______________________________
Geburtsdatum, Geburtsort: ______________________________
Anschrift: ____
____
____
Telefon: ____
Vollmacht wurde beurkundet bei: _________________________
am: ____
Urkunden-Nr.: ____

Bankvollmacht

Name des Bevollmächtigten: ______________________________
Geburtsdatum, Geburtsort: ______________________________
Anschrift: ____
____
____
Telefon: ____

Vorsorgevollmacht

Name des Bevollmächtigten: ______________________________
Geburtsdatum, Geburtsort: ______________________________

Anschrift: ______________________________

____

____

Telefon: ______________________________

weitere Vollmachten

Art und Umfang der Vollmacht: ________________
Name des Bevollmächtigten: ________________
Geburtsdatum, Geburtsort: ________________
Anschrift: ______________________________

____

____

Telefon: ______________________________

Art und Umfang der Vollmacht: ________________
Name des Bevollmächtigten: ________________
Geburtsdatum, Geburtsort: ________________
Anschrift: ______________________________

____

____

Telefon: ______________________________

6. Organisationsverfügung

Der Ordner kann eine Organisationsverfügung im Original oder in Kopie unter Hinweis auf den Fundort des Originals enthalten. Hierin werden die unmittelbar zu veranlassenden Dinge und die Bestattung selbst geregelt. Weitere Hinweise zur Organisationsverfügung finden Sie im Kapitel „Organisieren Sie Ihren Tod rechtzeitig" auf Seite 12ff. (vgl. außerdem das Muster einer solchen Organisationsverfügung auf Seite 102ff.).

Ein möglicher Inhalt der Organisationsverfügung könnte sein:

- Fundort des Testaments und sonstiger Unterlagen.
- Benennung der Person, die die Totenfürsorge ausübt (in der Regel: Ehegatte, Kind). Diese Person soll bei Zweifelsfragen entscheiden.
- Angabe desjenigen, der eine Bankvollmacht hat, um die Beerdigungskosten zahlen zu können.
- Liste von Personen (mit Anschriften und ggf. Telefonnummern), die vom Ableben benachrichtigt werden sollen. Ggf. eine Liste von Personen, die keinesfalls verständigt werden sollen.
- Liste von Personen (mit Anschriften und ggf. Telefonnummern), die zur Trauerfeier eingeladen werden sollen. Ggf. eine Liste von Personen, die keinesfalls eingeladen werden sollen.
- Ort und Gestaltung der Trauerfeier (z.B. Kirche, Priester, Musik etc.).
- Ort sowie Art und Weise der Bestattung (z.B. Feuerbestattung, Grabstelle, Grabmal, Grabspruch, Grabpflegevereinbarungen etc.).
- Soll ein bestimmtes Bestattungsunternehmen beauftragt werden? Ist ein solcher Vertrag bereits geschlossen worden?

- Wer soll bei der Bestattung eine Trauerrede halten; wer nicht?
- In welchen regionalen und/oder überregionalen Tageszeitungen soll eine Traueranzeige erscheinen? Text und Gestaltung der Traueranzeige.
- Ggf. Bestimmung, ob und in welchen Fällen eine Beweissicherung (Blutuntersuchung, genetischer Fingerabdruck, Autopsie) durchgeführt werden soll (z.B. bei fremdverschuldetem Unfall, möglichem ärztlichem Kunstfehler, Wehrdienstbeschädigung, bei drohenden weiteren erbrechtlichen Ansprüchen, als Beweismittel gegenüber Unfallversicherung).
- Weitere Wünsche im Zusammenhang mit der Abwicklung des Erbfalles.

7. Wichtige Ansprechpartner

Steuerberater

Name: ____
Anschrift: ____
____
____
Telefon: ____

Rechtsanwalt

Name: ____
Anschrift: ____
____
____
Telefon: ____

Hausnotar

Name: ____
Anschrift: ____
____
____
Telefon: ____

Vermögensberater

Name: ____

Anschrift: ____

____

____

Telefon: ____

Weitere wichtige Ansprechpartner

Name: ____

Anschrift: ____

____

____

Telefon: ____

Name: ____

Anschrift: ____

____

____

Telefon: ____

8. Sofortige Maßnahmen nach dem Todesfall

- Totenschein am Todestag bei Hausarzt (oder Krankenhaus) beantragen.
- Spätestens am nächsten Werktag mehrere Sterbeurkunden bzw. beglaubigte Abschriften hiervon beim Standesamt beantragen. Hierzu muß vorgelegt werden: Totenschein, Familienbuch, Personalausweis bzw. Reisepaß.
- Bestattungsunternehmen beauftragen.
- Bestattung veranlassen bei Friedhofsverwaltung und Pfarramt unter Vorlage Sterbeurkunde und ggf. Urkunde über Erbkaufgrab (falls dies nicht ein Bestattungsunternehmen regelt).
- Bei Feuerbestattung: Genehmigung der Polizei/Ordnungsbehörde unter Vorlage Sterbeurkunde und ggf. schriftlichem Wunsch des Verstorbenen einholen (falls dies nicht ein Bestattungsunternehmen regelt).
- Todesanzeigen bei regionaler und/oder überregionaler Tageszeitung in Auftrag geben (falls dies nicht ein Bestattungsunternehmen regelt).
- Private Todesanzeigen drucken lassen (falls dies nicht ein Bestattungsunternehmen regelt).
- Gesetzliche Altersversicherung (BfA, Versorgungswerk, knappschaftliche Rentenversicherung) informieren.
- Wegen Witwen-/Waisenrente die Rentenzahlstelle unter Vorlage von Sterbeurkunde und letztem Rentenbescheid informieren.

9. Maßnahmen nach der Beisetzung

Wichtige unverzügliche Maßnahmen/Anzeigen gegenüber Behörden

- Testamentseröffnung beim Amtsgericht unter Vorlage der Sterbeurkunde und sämtlicher Testamente und Erbverträge beantragen.
- Erbschein beim Amtsgericht beantragen, falls notwendig (ggf. fachlichen Rat einholen, ob die Beantragung erforderlich ist). Vorzulegende Unterlagen sind grundsätzlich: Sterbeurkunde, Testament/Erbvertrag, Geburtsurkunde des Antragstellers und eidesstattliche Versicherung der Richtigkeit der im Antrag gemachten Angaben. Zuständig ist grundsätzlich das Amtsgericht – Nachlaßgericht – am letzten Wohnort des Erblassers.
- Sechswöchige Ausschlagungsfrist gegenüber Nachlaßgericht beachten.
- Anzeige an das örtlich zuständige Finanzamt innerhalb von drei Monaten ab Erlangung der Kenntnis vom Erbfall (Für die Erbschaftsteuer ergeben sich vielfach Spezialzuständigkeiten. Die Finanzbehörden erteilen hierüber Auskunft. Im Internet: http://www.finanzamt.de).

Wichtige unverzügliche Anzeigen/Kündigungen zum Vermögen

- Antrag auf Fortzahlung der Rente des Verstorbenen für drei Monate innerhalb von 14 Tagen bei der Rentenzahlstelle unter Vorlage von Sterbeurkunde und letztem Rentenbescheid stellen.
- Arbeitgeber/Dienstherr unter Vorlage der Sterbeurkunde informieren.
- Wohnungsmietvertrag beim Vermieter kündigen.
- Ggf. Leasingverträge (z.B. privates Kfz) nach Kontrolle der Vertragsbedingungen kündigen, wenn Verträge nicht fortgeführt werden sollen.
- Stromlieferungsvertrag beim Energieversorgungsunternehmen kündigen.
- Gaslieferungsvertrag beim Gasversorgungsunternehmen kündigen.
- Wasserlieferungsvertrag bei den Wasserwerken kündigen.
- Telefon (Festnetz und Mobil) kündigen.
- Zeitungs- und Zeitschriftenabonnements kündigen.
- GEZ (Gebühreneinzugszentrale) kündigen.
- Persönliche Versicherungen (z.B. Privathaftpflicht) unter Vorlage der Sterbeurkunde informieren.
- Sachversicherungen (z.B. Kfz, Hausrat, Wohngebäude, Tierhalter) je nach Bedarf kündigen oder umschreiben lassen.

Mietwohnung

Bezeichnung des zu
kündigenden Objekts: ______________________________
Anschrift: ____
Name des Vermieters: ______________________________
Anschrift: ____
____
____
Telefon: ____

Bezeichnung weiteres Objekts: ______________________
Anschrift: ____
Name des Vermieters: ______________________________
Anschrift: ____
____
____
Telefon: ____

Strom

Versorgungsunternehmen: ___________________________
Anschrift: ____
____
____
Telefon: ____
Kundennummer: _____________________________________

Gas

Versorgungsunternehmen: ___________________________
Anschrift: ____
____
____
Telefon: ____
Kundennummer: _____________________________________

Wasser

Versorgungsunternehmen: ______________________
Anschrift: ______________________________
____
____
Telefon: ________________________________
Kundennummer: ___________________________

Telefon (Festnetz)

Festnetzanbieter: ________________________
Anschrift: ______________________________
____
____
Telefon: ________________________________
eigene Telefonnummer: ____________________
Kundennummer: ___________________________

Telefon (mobil)

Mobilfunkanbieter: _______________________
Anschrift: ______________________________
____
____
Telefon: ________________________________
eigene Mobilfunknummer: __________________
Kundennummer: ___________________________

Internet

Provider: _______________________________
Anschrift: ______________________________
____
____
Telefon: ________________________________
Kundennummer: ___________________________

GEZ (Gebühreneinzugszentrale)

Anschrift: GEZ
50656 Köln
Telefax: 0 180/582 10 30
Teilnehmernummer: ______________________

Zeitungen

Name der (Tages-/Wochen-)Zeitung: ______________
Anschrift des Verlages: ______________________
____
____
Telefon: ___________________________________
Kundennummer: ______________________________

Name der (Tages-/Wochen-)Zeitung: ______________
Anschrift des Verlages: ______________________
____
____
Telefon: ___________________________________
Kundennummer: ______________________________

Magazine (z.B. Zeitschrift für das Fernsehprogramm)

Name des Magazins: __________________________
Anschrift des Verlages: ______________________
____
____
Telefon: ___________________________________
Kundennummer: ______________________________

Name des Magazins: __________________________
Anschrift des Verlages: ______________________
____
____
Telefon: ___________________________________
Kundennummer: ______________________________

Name des Magazins: ______________________________
Anschrift des Verlages: ____________________________
____
____
Telefon: ______________________________________
Kundennummer: __________________________________

Name des Magazins: ______________________________
Anschrift des Verlages: ____________________________
____
____
Telefon: ______________________________________
Kundennummer: __________________________________

Andere Periodika

Bezeichnung der Lieferung: _________________________
Anschrift des Lieferanten: __________________________
____
____
Telefon: ______________________________________
Kundennummer: __________________________________

Bezeichnung der Lieferung: _________________________
Anschrift des Lieferanten: __________________________
____
____
Telefon: ______________________________________
Kundennummer: __________________________________

Bezeichnung der Lieferung: _________________________
Anschrift des Lieferanten: __________________________
____
____
Telefon: ______________________________________
Kundennummer: __________________________________

Bezeichnung der Lieferung: ___________________________
Anschrift des Lieferanten: ____________________________
____
____
Telefon: ____
Kundennummer: ______________________________________

Versicherungen

Hausratsversicherung

Versicherer: ____
Anschrift des Versicherers: ____________________________
____
____
Telefon: ____
Versicherungsschein-Nr.: _____________________________

Wohngebäude

Versicherer: ____
Anschrift des Versicherers: ____________________________
____
____
Telefon: ____
Versicherungsschein-Nr.: _____________________________

Privathaftpflicht

Versicherer: ____
Anschrift des Versicherers: ____________________________
____
____
Telefon: ____
Versicherungsschein-Nr.: _____________________________

Rechtsschutz

Versicherer: ______________________________
Anschrift des Versicherers: ____________________
____
____
Telefon: ________________________________
Versicherungsschein-Nr.: _____________________

Kfz

Versicherer: ______________________________
Anschrift des Versicherers: ____________________
____
____
Telefon: ________________________________
Versicherungsschein-Nr.: _____________________

Unfallversicherung

Versicherer: ______________________________
Anschrift des Versicherers: ____________________
____
____
Telefon: ________________________________
Versicherungsschein-Nr.: _____________________

Private Krankenversicherung

Versicherer: ______________________________
Anschrift des Versicherers: ____________________
____
____
Telefon: ________________________________
Versicherungsschein-Nr.: _____________________

Tierhalterhaftpflicht

Versicherer: ______________________________
Anschrift des Versicherers: ______________________________
____
____
Telefon: ______________________________
Versicherungsschein-Nr.: ______________________________

Kunst-/Wertgegenstände

Versicherer: ______________________________
Anschrift des Versicherers: ______________________________
____
____
Telefon: ______________________________
Versicherungsschein-Nr.: ______________________________

Weitere Versicherungen

Art der Versicherung: ______________________________
Versicherer: ______________________________
Anschrift des Versicherers: ______________________________
____
____
Telefon: ______________________________
Versicherungsschein-Nr.: ______________________________

Art der Versicherung: ______________________________
Versicherer: ______________________________
Anschrift des Versicherers: ______________________________
____
____
Telefon: ______________________________
Versicherungsschein-Nr.: ______________________________

Leasingverträge (z.B. Kfz)

geleaster Gegenstand: ______________________________

Leasing-Unternehmen: ______________________
Anschrift: ______________________________
____
____
Telefon: ________________________________
Vertrags-/Kunden-Nr.: ____________________

geleaster Gegenstand: ____________________
Leasing-Unternehmen: ______________________
Anschrift: ______________________________
____
____
Telefon: ________________________________
Vertrags-/Kunden-Nr.: ____________________

Kreditkarten

Bezeichnung der Kreditkarte: _______________
Anschrift des Kreditkarten-Unternehmens: _________
____
____
Telefon: ________________________________
Kreditkarten-/Kunden-Nr.: ________________

Bezeichnung der Kreditkarte: _______________
Anschrift des Kreditkarten-Unternehmens: _________
____
____
Telefon: ________________________________
Kreditkarten-/Kunden-Nr.: ________________

Mitgliedschaften in Vereinen

Name des Vereins: _________________________
Anschrift: ______________________________
____
____
Telefon: ________________________________
Mitglieds-Nr.: ___________________________

Name des Vereins: ______________________
Anschrift: ______________________
____
____
Telefon: ______________________
Mitglieds-Nr.: ______________________

Name des Vereins: ______________________
Anschrift: ______________________
____
____
Telefon: ______________________
Mitglieds-Nr.: ______________________

Schließfächer/Safes

Ort des Schließfaches/Safes: ______________________
Ort des Schlüssels: ______________________
Code: ______________________

Ort des Schließfaches/Safes: ______________________
Ort des Schlüssels: ______________________
Code: ______________________

Wer hat noch einen Wohnungsschlüssel

Vorname, Name: ______________________
Anschrift: ______________________
____
____
Telefon: ______________________

10. Vermögensübersicht

Die Vermögensübersicht enthält zunächst die wichtigsten Angaben zu liquidem Vermögen (Bankguthaben, Versicherungen) und dann eine detaillierte Gesamtübersicht (nach Vorgabe des Formulars zur Erbschaftsteuererklärung).

Wer weiß Bescheid (Vermögensverwalter)

Name: ______________________________
Anschrift: ______________________________
____
____
Telefon: ______________________________

Bankverbindungen

Name der Bank: ______________________________
Bankleitzahl: ______________________________
Anschrift: ______________________________
____
____
Kontonummer: ______________________________
Ansprechpartner: ______________________________

Name der Bank: ______________________________
Bankleitzahl: ______________________________
Anschrift: ______________________________
____
Kontonummer: ______________________________
Ansprechpartner: ______________________________

Name der Bank: ____________________________
Bankleitzahl: ____________________________
Anschrift: ____________________________
____
____
Kontonummer: ____________________________
Ansprechpartner: ____________________________

Wichtige Versicherungsverträge (insbesondere Kapitallebensversicherungen, Risikolebensversicherungen, Rentenversicherungen)

Art der Versicherung: ____________________________
Versicherer: ____________________________
Anschrift des Versicherers: ____________________________
____
____
Telefon: ____________________________
Versicherungsschein-Nr.: ____________________________

Art der Versicherung: ____________________________
Versicherer: ____________________________
Anschrift des Versicherers: ____________________________
____
____
Telefon: ____________________________
Versicherungsschein-Nr.: ____________________________

Art der Versicherung: ____________________________
Versicherer: ____________________________
Anschrift des Versicherers: ____________________________
____
____
Telefon: ____________________________
Versicherungsschein-Nr.: ____________________________

Gesamtübersicht

A. Land- und forstwirtschaftliches Vermögen

Lage: ______________________________
Geschätzter Verkehrswert: ______________________________
Steuerwert: ______________________________

Lage: ______________________________
Geschätzter Verkehrswert: ______________________________
Steuerwert: ______________________________

B. Grundvermögen (Inland, Ausland)

Selbstgenutzte Immobilien:

Anschrift (Erstwohnsitz): ______________________________
____
____
Versicherungen (Art, Gesellschaft, Vertragsnummer):
____
____
____
Finanzierung (Darlehensgeber, Darlehensnummer, Laufzeit): ______________________________
____
____
Besonderheiten (z. B. Vorkaufsrechte): ______________________________
____
____
(geschätzter) Verkehrswert: ______________________________
Steuerwert: ______________________________
Ansprechpartner mit/ohne Schlüssel: ______________________________
____
____

Anschrift (Zweitwohnsitz): ______________________

____

____

Versicherungen (Art, Gesellschaft, Vertragsnummer):

____

____

____

Finanzierung (Darlehensgeber, Darlehensnummer, Laufzeit): ______________________________

____

____

Besonderheiten (z. B. Vorkaufsrechte): ____________

____

____

(geschätzter) Verkehrswert: ____________________
Steuerwert: ________________________________
Ansprechpartner mit/ohne Schlüssel: ____________

____

____

Vermietete Objekte:

Anschrift (1. Objekt): ________________________

____

____

Versicherungen (Art, Gesellschaft, Vertragsnummer):

____

____

____

Finanzierung (Darlehensgeber, Darlehensnummer, Laufzeit): ______________________________

____

____

Besonderheiten (z. B. Vorkaufsrechte): ____________

____

____

(geschätzter) Verkehrswert: ____________________
Steuerwert: ________________________________

Mieter/Pächter: ______________________________

Hausverwaltung (Name, Anschrift und Telefon, Schlüssel?): ______________________________

Anschrift (2. Objekt): ______________________________

Versicherungen (Art, Gesellschaft, Vertragsnummer):

Finanzierung (Darlehensgeber, Darlehensnummer, Laufzeit): ______________________________

Besonderheiten (z. B. Vorkaufsrechte): ______________________________

(geschätzter) Verkehrswert: ______________________________
Steuerwert: ______________________________
Mieter/Pächter: ______________________________

Hausverwaltung (Name, Anschrift und Telefon, Schlüssel?): ______________________________

Unbebaute Grundstücke

Lage/Anschrift: ______________________________

Versicherungen (Art, Gesellschaft, Vertragsnummer):

____

____

____

Finanzierung (Darlehensgeber, Darlehensnummer, Laufzeit): ______________________________________

____

____

Besonderheiten (z. B. Vorkaufsrechte): ______________

____

____

(geschätzter) Verkehrswert: ______________________
Steuerwert: ____________________________________
Mieter/Pächter: _________________________________

____

____

C. Betriebsvermögen (Inland, Ausland)

Art des Betriebsvermögens (Einzelunternehmen, Beteiligung an Personen- oder Kapitalgesellschaft):

____

Firma/Bezeichnung des Einzelunternehmen oder der Gesellschaft: ______________________

Handels-/Partnerschaftsregisterort und -nummer:

____

Geschäftsführer: _______________________________

Beteiligungsquote: ______________________________

Geschätzter Verkehrswert der Beteiligung: ___________

Steuerwert der Beteiligung: _______________________

Gesellschaftsvertrag in Kopie anbei

D. Anteile an nicht börsennotierten Kapitalgesellschaften (wenn nicht Betriebsvermögen)

Firma der Gesellschaft: ______________________________

Handelsregisterort und -nummer: ____________________

Geschäftsführer: ___________________________________

Beteiligungsquote: _________________________________

Geschätzter Verkehrswert der Beteiligung: _____________

Steuerwert der Beteiligung: __________________________

Gesellschaftsvertrag in Kopie anbei

E. Wertpapiere

Name der depotführenden Bank: _____________________
Bankleitzahl: _______________________________________
Anschrift: ____
____
____
Depotnummer: _____________________________________
Ansprechpartner: ___________________________________
Depotwert: ____

Name der depotführenden Bank: _____________________
Bankleitzahl: _______________________________________
Anschrift: ____
____
____
Depotnummer: _____________________________________
Ansprechpartner: ___________________________________
Depotwert: ____

weitere Wertpapiere (auch Fondsanteile)

Bezeichnung: _______________________________________
Menge/Stück: _______________________________________

ggf. Verwahrungsort: ____________________
Wert: ____________________

Bezeichnung: ____________________
Menge/Stück: ____________________
ggf. Verwahrungsort: ____________________
Wert: ____________________

Bezeichnung: ____________________
Menge/Stück: ____________________
ggf. Verwahrungsort: ____________________
Wert: ____________________

F. Guthaben bei Kreditinstituten (laufende Konten und Sparbücher)

Name der Bank: ____________________
Bankleitzahl: ____________________
Kontonummer: ____________________
Wert: ____________________

Name der Bank: ____________________
Bankleitzahl: ____________________
Kontonummer: ____________________
Wert: ____________________

Name der Bank: ____________________
Bankleitzahl: ____________________
Kontonummer: ____________________
Wert: ____________________

G. Bausparguthaben

Name der Bausparkasse: ____________________
Kontonummer: ____________________
Wert: ____________________

Name der Bausparkasse: ____________________
Kontonummer: ____________________
Wert: ____________________

H. Steuererstattungsansprüche

Name des Finanzamtes: ____________________
Steuernummer: ____________________
Steuerart: ____________________
Veranlagungszeitraum: ____________________
Wert: ____________________

Name des Finanzamtes: ____________________
Steuernummer: ____________________
Steuerart: ____________________
Veranlagungszeitraum: ____________________
Wert: ____________________

I. Andere Forderungen, z. B. private Kapitalforderungen

Bezeichnung der Forderung: ____________________
Name und Anschrift des Schuldners: ____________________
Nennbetrag: ____________________
Zinssatz: ____________________

Bezeichnung der Forderung: ____________________
Name und Anschrift des Schuldners: ____________________
Nennbetrag: ____________________
Zinssatz: ____________________

J. Versicherungen, Sterbegelder, Abfindungen

Bezeichnung der Forderung: ____________________
Name und Anschrift des Schuldners: ____________________
ggf. Versicherungsschein-Nr.: ____________________
Wert: ____________________

Bezeichnung der Forderung: ____________________
Name und Anschrift des Schuldners: ______________
ggf. Versicherungsschein-Nr.: __________________
Wert: ____________________________________

Bezeichnung der Forderung: ____________________
Name und Anschrift des Schuldners: ______________
ggf. Versicherungsschein-Nr.: __________________
Wert: ____________________________________

K. Renten oder andere wiederkehrende Bezüge

Bezeichnung der Forderung: ____________________
Name und Anschrift des Schuldners: ______________
Laufzeit: __________________________________
monatl./jährl. Zahlungsbetrag: _________________

Bezeichnung der Forderung: ____________________
Name und Anschrift des Schuldners: ______________
Laufzeit: __________________________________
monatl./jährl. Zahlungsbetrag: _________________

L. Bargeld

Wert des inländischen Bargeldes: _______________
Wert des ausländischen Bargeldes: ______________

M. Münzen (Fotos bzw. Wertgutachten beilegen)

Art der Münzen: ____________________________
Wert: ____________________________________

N. Hausrat (bis 41.000 Euro für Erwerber der Steuerklasse I steuerfrei)

wesentliche Hausratsgegenstände: ______________________

____

____

____

O. Andere bewegliche körperliche Gegenstände (bis 10.300 Euro für Erwerber der Steuerklasse I steuerfrei, ggf. Fotos bzw. Wertgutachten beilegen):

Kraftfahrzeug

Kfz-Typ: ______________________________________
Baujahr: ______________________________________
amtl. Kennzeichen: ____________________________
Wert: ____

Kfz-Typ: ______________________________________
Baujahr: ______________________________________
amtl. Kennzeichen: ____________________________
Wert: ____

weitere Gegenstände (z.B. Boote, Kunstgegenstände, Sammlungen, Schmuck, Pelze, Reitpferde etc.)

Gegenstand: ___________________________________
Wert: ____

Gegenstand: ___________________________________
Wert: ____

Gegenstand: ___________________________________
Wert: ____

P. Sonstige Rechte (z.B. Urheberrechte, Erfindungen, Patente)

Recht: ____________________
Wert: ____________________

Recht: ____________________
Wert: ____________________

Q. Nachlaßverbindlichkeiten

Langfristige Darlehen (z.B. Hauskauf)

Name der Bank: ____________________
Bankleitzahl: ____________________
Kreditnummer: ____________________
Darlehensbetrag: ____________________

Name der Bank: ____________________
Bankleitzahl: ____________________
Kreditnummer: ____________________
Darlehensbetrag: ____________________

Kurzfristige Darlehen (z.B. Autokauf)

Name der Bank: ____________________
Bankleitzahl: ____________________
Kreditnummer: ____________________
Darlehensbetrag: ____________________

Name der Bank: ____________________
Bankleitzahl: ____________________
Kreditnummer: ____________________
Darlehensbetrag: ____________________

Steuerverbindlichkeiten

Name des Finanzamtes: ____________________
Steuernummer: ____________________
Steuerart: ____________________

Veranlagungszeitraum: ______________________
Höhe der Verbindlichkeit: ____________________

Name des Finanzamtes: ______________________
Steuernummer: ___________________________
Steuerart: _______________________________
Veranlagungszeitraum: ______________________
Höhe der Verbindlichkeit: ____________________

Sonstige Verbindlichkeiten
(z.B. private Schulden, Unterhalts- und Rentenverpflichtungen, Bürgschaften und Nachschußverpflichtungen, latente Belastungen)

Bezeichnung der Verbindlichkeit: ______________
Name und Anschrift des Gläubigers: ____________
Nennbetrag: _____________________________
Zinssatz: _______________________________

Bezeichnung der Verbindlichkeit: ______________
Name und Anschrift des Gläubigers: ____________
Nennbetrag: _____________________________
Zinssatz: _______________________________

11. Steuererklärungen

Zuständiges Wohnsitzfinanzamt: ______________________

Steuernummer (Einkommensteuer): ___________________

Ansprechpartner für steuerliche Fragen ist bisheriger Berater

Name: ____

Anschrift: ____

____

____

Telefon: ____

Auf folgende steuerliche Besonderheiten sollte gesondert geachtet werden (weitere Angaben auf Beiblatt)

- ______________________Sonderbetriebsvermögen
- ___________________Sperrfristen, Spekulationsfristen
- _________________________________Vorerwerbe

Relevante Vorgänge für die Erbschaftsteuererklärung

An die Erben sind folgende Vorschenkungen ausgeführt worden (§ 14 ErbStG):

Name des Beschenkten: ______________________________
Gegenstand der Zuwendung: __________________________
Steuerwert der Zuwendung: __________________________
Zeitpunkt der Zuwendung: ___________________________
zuständiges Finanzamt: ______________________________
Steuernummer: _____________________________________
Anzeige beim Finanzamt am: _________________________
gezahlte Schenkungsteuer: ___________________________

Name des Beschenkten: ______________________________
Gegenstand der Zuwendung: __________________________
Steuerwert der Zuwendung: __________________________
Zeitpunkt der Zuwendung: ___________________________
zuständiges Finanzamt: ______________________________
Steuernummer: _____________________________________
Anzeige beim Finanzamt am: _________________________
gezahlte Schenkungsteuer: ___________________________

Name des Beschenkten: ______________________________
Gegenstand der Zuwendung: __________________________
Steuerwert der Zuwendung: __________________________
Zeitpunkt der Zuwendung: ___________________________
zuständiges Finanzamt: ______________________________
Steuernummer: _____________________________________
Anzeige beim Finanzamt am: _________________________
gezahlte Schenkungsteuer: ___________________________

Ich habe innerhalb der letzten 10 Jahre die folgenden Vermögensgegenstände von Personen der Steuerklasse I (z.B. Vater, Mutter, Großeltern) geerbt (relevant für Steuerermäßigung gemäß § 27 ErbStG):

Gegenstand/Betrag: ______________________________
erworben von: __________________________________
Steuerwert: ____________________________________
Datum des Erwerbs: _____________________________
zuständiges Finanzamt: ___________________________
Steuernummer: _________________________________
Anzeige beim Finanzamt am: ______________________
gezahlte Schenkung- oder Erbschaftsteuer: ____________

Gegenstand/Betrag: ______________________________
erworben von: __________________________________
Steuerwert: ____________________________________
Datum des Erwerbs: _____________________________
zuständiges Finanzamt: ___________________________
Steuernummer: _________________________________
Anzeige beim Finanzamt am: ______________________
gezahlte Schenkung- oder Erbschaftsteuer: ____________

12. Persönliche Ratschläge

Teil II

Muster, Checklisten, Berechnungen, Formulare

Inhalt

1. Organisationsverfügung und Patientenverfügung (Vergleich)

	Organisationsverfügung	**Patientenverfügung**
Anwendungs-bereich	Verbindliche Vorgaben zur Durchführung der Bestattung Wichtige Informationen können mitgeteilt werden, z.B. Aufbewahrungsort von Testament, Patientenverfügung, Bankvollmacht, Organspenderausweis	Verbindliche Vorgaben zur Durchführung medizinischer Behandlungen, insbesondere bei schwerster Erkrankung ohne Aussicht auf Genesung
Adressat	Familie/Erben	Behandelnde Ärzte, Betreuer und Angehörige
Formelle Voraussetzungen	Grundsätzlich keine, aus Beweisgründen ist Schriftform dringend zu empfehlen	Grundsätzlich keine, aus Beweisgründen ist mindestens Schriftform erforderlich, besser notarielle Beurkundung
Aufbewahrungs-ort	Im Ordner „Im Falle meines Todes“	Im Ordner „Im Falle meines Todes“, beim Hausarzt, Angehörigen oder Freunden

2. Beispiel einer Organisationsverfügung

Vorname, Name
Geburtsdatum
Straße, Hausnummer
Wohnort

Organisationsverfügung

Im Fall meines Todes lege ich hiermit die Modalitäten rund um meine Bestattung wie folgt fest:

1. Alle Zweifelsfragen rund um die Bestattung soll mein ältester Sohn Friedrich entscheiden. Mit ihm habe ich diese Fragen schon oftmals besprochen.

2. Die auf der beigefügten Liste Nummer 1 aufgeführten Personen sollen unverzüglich von meinem Tod verständigt und zur Trauerfeier eingeladen werden. Die auf der beigefügten Liste Nummer 2 aufgeführten Personen brauchen nicht verständigt und dürfen auf keinen Fall zur Trauerfeier eingeladen werden.

3. Ich wünsche, daß eine katholische Erdbestattung in meiner Heimatstadt Bonn durchgeführt wird. Die Trauermesse soll von Herrn Pfarrer Müller in der Kirche St. Anton gehalten werden. Er ist in der Gestaltung der Feier frei. Es wäre schön, wenn der Kirchenraum mit weißen Margeriten geschmückt wäre.

   Anschließend möchte ich auf dem Alten Friedhof der Stadt Bonn beigesetzt werden. Eine Grabstelle dort habe ich schon für 25 Jahre im voraus bezahlt (siehe beiliegende Quittung). Die Grabpflege soll die ersten zehn Jahre fachmännisch durch die Friedhofsgärtnerei Mattes, die ich hierfür ebenfalls bereits bezahlt habe (siehe beiliegende Quittung), durchgeführt werden.

4. Ich möchte gerne, daß mein langjähriger Studienfreund, Herr Professor Till Zimmermann, die Grabrede halten soll. Ich wünsche aber nicht, daß ein Vertreter des Bonner Kaninchenzüchtervereins, dessen langjähriges Mitglied ich bin, eine Trauerrede hält.

5. Als großer Frank Sinatra-Fan wünsche ich mir, daß mein Lieblingslied „My Way“ gespielt wird.

6. Die gesamte Trauergemeinde soll nach der Beisetzung in meinem Stamm-Café „Katjas Eck“ zu einem zünftigen Umtrunk eingeladen werden.

7. Die Beerdigungskosten bis zu einem Betrag von 10.000 Euro sollen von meinem Sparbuch bei der Sparkasse Bonn (Kto-Nr. 123 45 67) bezahlt werden. Meinem Sohn Friedrich habe ich nur zu diesem Zweck eine Bankvollmacht ausgestellt. Sie liegt der Sparkasse im Original vor. Eine Kopie ist hier als Anlage beigefügt.

8. Ich habe einen Organspenderausweis ausgefüllt. Eine Kopie liegt anbei. Das Original befindet sich in meinem Portemonnaie.

9. Liegt meinem Tod möglicherweise ein ärztlicher Kunstfehler, ein fremdverschuldeter Unfall mit unklarem Hergang oder eine Wehrdienstbeschädigung zu Grunde, oder drohen weitere erbrechtliche Ansprüche, bitte ich um die Sicherung der notwendigen Beweismittel. Sie könnten in einem Arzthaftungsprozeß, in einer Auseinandersetzung mit der Unfallversicherung oder in einem Erbrechtsstreit benötigt werden. Insbesondere können hierzu die Blutgruppe und der genetische Fingerabdruck bestimmt oder auch eine Autopsie durchgeführt werden.

10. Das Testament ist beim Amtsgericht Bonn hinterlegt (der Hinterlegungsschein liegt im Original anbei).

11. Weitere Verfügungen:

Datum und Unterschrift des Verfassers

3. Muster einer Patientenverfügung

Hinweise zur Gestaltung und Verwendung einer Patientenverfügung finden Sie im Kapitel „Patientenverfügung und Vorsorgevollmacht“ auf Seite 20ff.

Eigentlich verbietet es sich, zur Erstellung einer Patientenverfügung, also einer verbindlichen Anordnung, ob und in welchem Umfang medizinische Maßnahmen in einer gesundheitlich kritischen Lage ergriffen werden sollen, Mustervorlagen zu verwenden. Zu individuell sind die Situationen und Sichtweisen der jeweils Betroffenen. Andererseits besteht immer noch eine große Unsicherheit, welchen Regelungsinhalt eine solche Patientenverfügung haben kann und welche Formulierungen sinnvoll sind.

Die nachfolgenden Textbausteine (Seite 105 bis 121) entstammen dem Bericht der vom Bundesministerium der Justiz eingesetzten Arbeitsgruppe „Patientenautonomie am Lebensende“ aus dem Jahre 2004. Sie sollen einen Überblick über die Variationsmöglichkeiten einer solchen Patientenverfügung geben. Ihre Vielfalt verdeutlicht zugleich, daß eine individuelle und intensive persönliche Auseinandersetzung mit diesem Thema vor der Formulierung der eigenen Patientenverfügung unabdingbar ist. Die gesamte Broschüre finden Sie im Internet unter www.bmj.bund.de/ratgeber.

Die Patientenverfügung bedarf eigentlich keiner besonderen Form der Errichtung. Aus Beweisgründen ist aber in der Praxis mindestens Schriftform ratsam. Besser – wenngleich rechtlich nicht erforderlich – ist eine notarielle Beurkundung (vgl. Seite 21). Für die Gestaltung der Verfügung erweisen sich vielfach Gespräche mit dem vertrauten Hausarzt als hilfreich.

Die Textbausteine für eine schriftliche Patientenverfügung könnten lauten:

1. Eingangsformel

Ich ... (Name, Vorname, geboren am, wohnhaft in) bestimme hiermit für den Fall, daß ich meinen Willen nicht mehr bilden oder verständlich äußern kann ...

2. Exemplarische Situationen, für die die Verfügung gelten soll

Wenn ich

- mich aller Wahrscheinlichkeit nach unabwendbar im unmittelbaren Sterbeprozeß befinde ...
- mich im Endstadium einer unheilbaren, tödlich verlaufenden Krankheit befinde, selbst wenn der Todeszeitpunkt noch nicht absehbar ist ...
- in Folge einer Gehirnschädigung meine Fähigkeit, Einsichten zu gewinnen, Entscheidungen zu treffen und mit anderen Menschen in Kontakt zu treten, nach Einschätzung zweier erfahrener Ärztinnen oder Ärzte (können namentlich benannt werden) aller Wahrscheinlichkeit nach unwiederbringlich verloren habe, selbst wenn der Todeszeitpunkt noch nicht absehbar ist. Dies gilt für direkte Gehirnschädigung z.B. durch Unfall, Schlaganfall oder Entzündung ebenso wie für indirekte Gehirnschädigung z.B. nach Wiederbelebung, Schock oder Lungenversagen. Es ist mir bewußt, daß in solchen Situationen die Fähigkeit zu Empfindungen erhalten sein kann und daß ein Aufwachen aus diesem Zustand nicht ganz sicher auszuschließen, aber unwahrscheinlich ist.
- in Folge eines weit fortgeschrittenen Hirnabbauprozesses (z.B. bei Demenzerkrankung) auch mit ausdauernder Hilfestellung nicht mehr in der Lage bin, Nahrung und Flüssigkeit auf natürliche Weise zu mir zu nehmen.

Eigene Beschreibung der Anwendungssituation:

____

____

____

(Anmerkung: Es sollten nur Situationen beschrieben werden, die mit einer Einwilligungsunfähigkeit einhergehen können.)

3. Festlegungen zu Einleitung, Umfang oder Beendigung bestimmter ärztlicher Maßnahmen

Lebenserhaltende Maßnahmen

In den oben beschriebenen Situationen wünsche ich,

- daß alles medizinisch Mögliche getan wird, um mich am Leben zu erhalten und meine Beschwerden zu lindern.
- auch fremde Gewebe und Organe zu erhalten, wenn dadurch mein Leben verlängert werden könnte.

ODER

- daß alle lebenserhaltenden Maßnahmen unterlassen werden. Hunger und Durst sollen auf natürliche Weise gestillt werden, gegebenenfalls mit Hilfe bei der Nahrungs- und Flüssigkeitsaufnahme. Ich wünsche fachgerechte Pflege von Mund und Schleimhäuten sowie menschenwürdige Unterbringung, Zuwendung, Körperpflege und das Lindern von Schmerzen, Atemnot, Übelkeit, Angst, Unruhe und anderer belastender Symptome.

Schmerz- und Symptombehandlung

In den oben beschriebenen Situationen wünsche ich eine fachgerechte Schmerz- und Symptombehandlung,

- aber keine bewußtseinsdämpfenden Mittel zur Schmerz- und Symptombehandlung.

ODER

- wenn alle sonstigen medizinischen Möglichkeiten zur Schmerz- und Symptomkontrolle versagen, auch bewußtseinsdämpfende Mittel zur Beschwerdelinderung.
- die unwahrscheinliche Möglichkeit einer ungewollten Verkürzung meiner Lebenszeit durch schmerz- und symptomlindernde Maßnahmen nehme ich in Kauf.

Künstliche Ernährung

In den oben beschriebenen Situationen wünsche ich,

- daß eine künstliche Ernährung begonnen oder weitergeführt wird.

ODER

- daß keine künstliche Ernährung unabhängig von der Form der künstlichen Zuführung der Nahrung (z.B. Magensonde durch Mund, Nase oder Bauchdecke, venöse Zugänge) erfolgt.

Künstliche Flüssigkeitszufuhr

In den oben beschriebenen Situationen wünsche ich

- eine künstliche Flüssigkeitszufuhr.

ODER

- die Reduzierung künstlicher Flüssigkeitszufuhr nach ärztlichem Ermessen.

ODER

- die Unterlassung jeglicher künstlichen Flüssigkeitszufuhr.

Wiederbelebung

a) In den oben beschriebenen Situationen wünsche ich

- in jedem Fall Versuche der Wiederbelebung.

ODER

- die Unterlassung von Versuchen zur Wiederbelebung.

- daß der Notarzt nicht verständigt wird bzw. daß ein ggf. hinzugezogener Notarzt unverzüglich über meine Ablehnung von Wiederbelebungsmaßnahmen informiert wird.

b) Nicht nur in den oben beschriebenen Situationen, sondern in allen Fällen eines Kreislaufstillstands oder Atemversagens

- lehne ich Wiederbelebungsmaßnahmen ab.

ODER

- lehne ich Wiederbelebungsmaßnahmen ab, sofern diese Situationen nicht im Rahmen medizinischer Maßnahmen unerwartet eintreten.

Künstliche Beatmung

In den oben beschriebenen Situationen wünsche ich

- eine künstliche Beatmung, falls dies mein Leben verlängern kann.

ODER

- daß keine künstliche Beatmung durchgeführt bzw. eine schon eingeleitete Beatmung eingestellt wird, unter der Voraussetzung, daß ich Medikamente zur Linderung der Luftnot erhalte. Die Möglichkeit einer Bewußtseinsdämfung oder einer ungewollten Verkürzung meiner Lebenszeit durch diese Medikamente nehme ich in Kauf.

Dialyse

In den oben beschriebenen Situationen wünsche ich

- eine künstliche Blutwäsche (Dialyse), falls dies mein Leben verlängern kann.

ODER

- daß keine Dialyse durchgeführt bzw. eine schon eingeleitete Dialyse eingestellt wird.

Antibiotika

In den oben beschriebenen Situationen wünsche ich

- Antibiotika, falls dies mein Leben verlängern kann.

ODER

- Antibiotika nur zur Linderung meiner Beschwerden.

Blut/Blutbestandteile

In den oben beschriebenen Situationen wünsche ich

- die Gabe von Blut oder Blutbestandteilen, falls dies mein Leben verlängern kann.

ODER

- die Gabe von Blut oder Blutbestandteilen nur zur Linderung meiner Beschwerden.

4. Organspende

Ich stimme einer Entnahme meiner Organe nach meinem Tod zu Transplantationszwecken zu (ggf.: Ich habe einen Organspenderausweis ausgefüllt). Komme ich nach ärztlicher Beurteilung bei einem sich abzeichnenden Hirntod als Organspender in Betracht und müssen dafür ärztliche Maßnahmen durchgeführt werden, die ich in meiner Patientenverfügung ausgeschlossen habe, dann

(Alternativen)

- geht die von mir erklärte Bereitschaft zur Organspende vor.
- gehen die Bestimmungen in meiner Patientenverfügung vor.

ODER

- Ich lehne eine Entnahme meiner Organe nach meinem Tod zu Transplantationszwecken ab.

5. Ort der Behandlung, Beistand

Ich möchte

- zum Sterben ins Krankenhaus verlegt werden.

ODER

- wenn irgend möglich zu Hause bzw. in vertrauter Umgebung sterben.

ODER

- wenn möglich in einem Hospiz sterben.

Ich möchte

- Beistand durch folgende Personen:

____

- Beistand durch eine Vertreterin oder einen Vertreter folgender Kirche oder Weltanschauungsgemeinschaft:

____

- hospizlichen Beistand.

6. Aussagen zur Verbindlichkeit, zur Auslegung und Durchsetzung und zum Widerruf der Patientenverfügung

- Ich erwarte, daß der in meiner Patientenverfügung geäußerte Wille zu bestimmten ärztlichen und pflegerischen Maßnahmen von den behandelnden Ärztinnen und Ärzten und dem Behandlungsteam befolgt wird. Mein(e) Vertreter(in) – z.B. Bevollmächtigte(r)/Betreuer(in) – soll dafür Sorge tragen, daß mein Wille durchgesetzt wird.
- Sollte eine Ärztin oder ein Arzt oder das Behandlungsteam nicht bereit sein, meinen in dieser Patientenverfügung geäußerten Willen zu befolgen, erwarte ich, daß für eine anderweitige medizinische und/oder pflegerische Behandlung gesorgt wird. Von meiner Vertreterin/meinem Vertreter (z.B. Bevollmächtigte(r)/Betreuer(in)) erwarte ich, daß sie/er die weitere Behandlung so organisiert, daß meinem Willen entsprochen wird.

- In Situationen, die in dieser Patientenverfügung nicht konkret geregelt sind, ist mein mutmaßlicher Wille möglichst im Konsens aller Beteiligten zu ermitteln. Dafür soll diese Patientenverfügung als Richtschnur maßgeblich sein. Die letzte Entscheidung über anzuwendende oder zu unterlassende ärztliche/pflegerische Maßnahmen liegt bei:

  ____

(Alternativen)

- meiner/meinem Bevollmächtigten.
- meiner Betreuerin/meinem Betreuer.
- der behandelnden Ärztin oder dem behandelnden Arzt.
- Wenn ich meine Patientenverfügung nicht widerrufen habe, wünsche ich nicht, daß mir in der konkreten Anwendungssituation eine Änderung meines Willens unterstellt wird. Wenn aber die behandelnden Ärztinnen und Ärzte/das Behandlungsteam/mein(e) Bevollmächtigte(r)/Betreuer(in) aufgrund meiner Gesten, Blicke oder anderen Äußerungen die Auffassung vertreten, daß ich entgegen den Festlegungen in meiner Patientenverfügung doch behandelt oder nicht behandelt werden möchte, dann ist möglichst im Konsens aller Beteiligten zu ermitteln, ob die Festlegungen in meiner Patientenverfügung noch meinem aktuellen Willen entsprechen. Die letzte Entscheidung über anzuwendende oder zu unterlassende ärztliche/pflegerische Maßnahmen liegt bei:

(Alternativen)

- meiner/meinem Bevollmächtigten.
- meiner Betreuerin/meinem Betreuer.
- der behandelnden Ärztin oder dem behandelnden Arzt.

7. Hinweise auf weitere Vorsorgeverfügungen

Ich habe zusätzlich zur Patientenverfügung eine Vorsorgevollmacht für Gesundheitsangelegenheiten erteilt und den Inhalt dieser Patientenverfügung mit der von mir bevollmächtigten Person besprochen:

Bevollmächtigte(r)

Name: ____

Anschrift: ____

Telefon: ____________________ Telefax: ________________

Ich habe eine Betreuungsverfügung zur Auswahl des Betreuers erstellt (ggf.: und den Inhalt dieser Patientenverfügung mit der/dem von mir gewünschten Betreuerin/Betreuer besprochen).

Gewünschte/r Betreuerin/Betreuer

Name: ____

Anschrift: ____

Telefon: ____________________ Telefax: ________________

Ich habe einen Notfallbogen ausgefüllt, den auch meine Hausärztin/mein Hausarzt bestätigt hat.

8. Hinweis auf beigefügte Erläuterungen zur Patientenverfügung

Als Interpretationshilfe zu meiner Patientenverfügung habe ich beigelegt:

- Darstellung meiner allgemeinen Wertvorstellungen.
- Sonstige Unterlagen, die ich für wichtig erachte:

  ____

9. Schlußformel

Soweit ich bestimmte Behandlungen wünsche oder ablehne, verzichte ich ausdrücklich auf eine (weitere) ärztliche Aufklärung.

10. Schlußbemerkungen

Mir ist die Möglichkeit der Änderung und des Widerrufs einer Patientenverfügung bekannt.

Ich bin mir des Inhalts und der Konsequenzen meiner darin getroffenen Entscheidungen bewußt.

Ich habe die Patientenverfügung in eigener Verantwortung und ohne äußeren Druck erstellt.

Ich bin im Vollbesitz meiner geistigen Kräfte.

11. Information/Beratung

Ich habe mich vor der Erstellung dieser Patientenverfügung informiert bei/durch ______________________________

und beraten lassen durch ______________________________

12. Ärztliche Aufklärung/Bestätigung der Einwilligungsfähigkeit

Herr/Frau ______________________________

wurde von mir am ______________________________

bzgl. der möglichen Folgen dieser Patientenverfügung aufgeklärt.

Er/sie war in vollem Umfang einwilligungsfähig.

Datum______________________________

Unterschrift, Stempel der Ärztin/des Arztes ______________

____

Die Einwilligungsfähigkeit kann auch durch eine Notarin oder einen Notar bestätigt werden.

13. Aktualisierung

- Diese Patientenverfügung gilt solange, bis ich sie widerrufe.

ODER

- Diese Patientenverfügung soll nach Ablauf von ________ (Zeitangabe) ihre Gültigkeit verlieren, es sei denn, daß ich sie durch meine Unterschrift erneut bekräftige.

Um meinen in der Patientenverfügung niedergelegten Willen zu bekräftigen, bestätige ich diesen nachstehend:

(Alternativen)

- in vollem Umfang.
- mit folgenden Änderungen:

____

____

....

Ort, Datum Unterschrift

4. Betreuungsverfügung und Vorsorgevollmacht

	Betreuungsverfügung	**Vorsorgevollmacht**
Anwendungsbereich	Bestimmt die Person des Betreuers, falls ein solcher vom Vormundschaftsgericht wegen eigener Entscheidungs- und Handlungsunfähigkeit eingesetzt wird. Vormundschaftsgericht muß nach Vorlage der Verfügung grds. die gewünschte Person bestellen, § 1901a BGB.	Vorsorgliche Bevollmächtigung einer Person, die bei eigener Entscheidungs- und Handlungsunfähigkeit rechtswirksame Handlungen vornehmen kann. Das Vormundschaftsgericht wird dann i.d.R. keinen Betreuer mehr bestellen, § 1896 Abs. 2 S. 2 BGB.
Adressat	Bertreuungsverfügung muß dem Vormundschaftsgericht vorgelegt werden, § 1901a BGB.	Vorsorgevollmacht muß dem Vormundschaftsgericht vorgelegt werden, § 1901a BGB.
Formelle Voraussetzungen	Grds. formfrei, in der Praxis mindestens Schriftform, besser notarielle Beurkundung.	Grds. formfrei, in der Praxis mindestens Schriftform, besser notarielle Beurkundung (insbes. wenn der Bevollmächtigte auch über Grundstücke verfügen können soll).
Aufbewahrungsort	Im Ordner „Im Falle meines Todes“ und/oder beim vorgesehenen Betreuer, damit zügige Weiterleitung an das Vormundschaftsgericht gesichert ist.	Im Ordner „Im Falle meines Todes“ und/oder beim vorgesehenen Bevollmächtigten.

5. Muster einer Betreuungsverfügung

Betreuungsverfügung

Ich, ____

(Vorname, Name)

____
Geburtsdatum, Geburtsort

____
Adresse

____
Telefon, Telefax

schlage für den Fall, daß ein gesetzlicher Betreuer bestellt werden muß, gemäß § 1897 Abs. 4 BGB hierfür meinen Ehepartner als Betreuer für alle erforderlichen Angelegenheiten vor.

Falls mein Ehepartner die Betreuung nicht übernehmen will oder kann, schlage ich als Ersatzperson die folgende Person vor:

____
(Name, Vorname)

____
Geburtsdatum

____
Adresse

____
Telefon, Telefax

Die Betreuung soll so erfolgen, daß meine bisherigen Lebensgewohnheiten, insbesondere auch bei Freizeitgestaltung und Urlaub, beibehalten werden. Die in der Patientenverfügung vom ________ geäußerten Wünsche sind auch von dem jeweiligen Betreuer zu befolgen.

Falls Pflegebedürftigkeit eintritt, wünsche ich, solange wie möglich in meiner eigenen Wohnung gepflegt zu werden. Der betreuende Ehegatte soll dabei geschultes Fachpersonal und einen geeigneten Arzt zu Rate ziehen. Hierfür erforderliche Kosten sind aus meinem Vermögen zu decken.

Sollte eine stationäre Pflege erforderlich werden, möchte ich in folgendem Pflegeheim/Krankenhaus untergebracht werden: ______________.
Sollte eine Unterbringung dort nicht möglich sein, möchte ich in einem Pflegeheim/Krankenhaus mit entsprechendem Standard untergebracht werden.

Sollte eine Finanzierung meiner Pflege und auch sonstige Ausgaben aus meinem laufenden Einkommen nicht möglich sein, so soll mein Wohnhaus in ______________ (genaue Bezeichnung) zur Absicherung insoweit erforderlicher Kredite belastet werden.

Weitere Verfügungen (z. B. Ausschluß bestimmter Personen)

____

____

____

____

....

Ort, Datum Unterschrift

6. Muster einer Vorsorgevollmacht

Vorsorgevollmacht

Ich, ______________________________ (Vollmachtgeber/in)
(Vorname, Name)

____
Geburtsdatum, Geburtsort

____
Adresse

____
Telefon, Telefax

erteile hiermit Vollmacht an

______________________________ (bevollmächtigte Person)
(Vorname, Name)

____
Geburtsdatum

____
Adresse

____
Telefon, Telefax

Diese Vertrauensperson wird hiermit bevollmächtigt, mich in allen Angelegenheiten zu vertreten, die ich im folgenden angegeben habe. Durch diese Vollmachtserteilung soll eine vom Gericht angeordnete

Betreuung vermieden werden. Die Vollmacht bleibt daher in Kraft, wenn ich nach ihrer Errichtung geschäftsunfähig geworden sein sollte.

Die Vollmacht ist nur wirksam, solange die bevollmächtigte Person die Vollmachtsurkunde besitzt und bei Vornahme eines Rechtsgeschäfts die Urkunde im Original vorlegen kann.

1. Gesundheitssorge/Pflegebedürftigkeit

- Sie darf in allen Angelegenheiten der Gesundheitssorge entscheiden, ebenso über alle Einzelheiten einer ambulanten oder (teil-)stationären Pflege. Sie ist befugt, meinen in einer Patientenverfügung festgelegen Willen durchzusetzen.
- Sie darf insbesondere in sämtlichen Maßnahmen zur Untersuchung des Gesundheitszustandes und in Heilbehandlungen einwilligen, auch wenn diese mit Lebensgefahr verbunden sein könnten oder ich einen schweren oder längerdauernden gesundheitlichen Schaden erleiden könnte (§ 1904 Abs. 1 BGB). Sie darf die Einwilligung zum Unterlassen oder Beenden lebensverlängernder Maßnahmen erteilen.
- Sie darf Krankenunterlagen einsehen und deren Herausgabe an Dritte bewilligen. Ich entbinde alle mich behandelnden Ärzte und nichtärztliches Personal gegenüber meiner bevollmächtigten Vertrauensperson von der Schweigepflicht.
- Sie darf über meine Unterbringung mit freiheitsentziehender Wirkung (§ 1906 Abs. 1 BGB) und über freiheitsentziehende Maßnahmen (z.B. Bettgitter, Medikamente u. ä.) in einem Heim oder in einer sonstigen Einrichtung (§ 1906 Abs. 4 BGB) entscheiden, solange dergleichen zu meinem Wohle erforderlich ist.

2. Aufenthalt und Wohnungsangelegenheiten

- Sie darf meinen Aufenthalt bestimmen, Rechte und Pflichten aus dem Mietvertrag über meine Wohnung einschließlich einer Kündigung wahrnehmen sowie meinen Haushalt auflösen.
- Sie darf einen Heimvertrag abschließen.

3. Behörden

- Sie darf mich bei Behörden, Versicherungen, Renten- und Sozialleistungsträgern vertreten.

4. Vermögenssorge

- Sie darf mein Vermögen verwalten und hierbei alle Rechtshandlungen und Rechtsgeschäfte im In- und Ausland vornehmen, Erklärungen aller Art abgeben und entgegennehmen sowie Anträge stellen, abändern oder zurücknehmen;
- über Vermögensgegenstände jeder Art verfügen;
- Zahlungen und Wertgegenstände annehmen;
- Verbindlichkeiten eingehen;
- Willenserklärungen bezüglich meiner Konten, Depots und Safes abgeben. Sie darf mich im Geschäftsverkehr mit Kreditinstituten vertreten;
- Schenkungen in dem Rahmen vornehmen, der einem Betreuer rechtlich gestattet ist.
- Folgende Geschäfte soll sie nicht wahrnehmen können

  ____

5. Post und Fernmeldeverkehr

- Sie darf die für mich bestimmte Post entgegennehmen und öffnen sowie über den Fernmeldeverkehr entscheiden. Sie darf alle hiermit zusammenhängenden Willenserklärungen (z.B. Vertragsabschlüsse, Kündigungen) abgeben.

6. Vertretung vor Gericht

- Sie darf mich gegenüber Gerichten vertreten sowie Prozeßhandlungen aller Art vornehmen.

7. Untervollmacht

Sie darf in einzelnen Angelegenheiten Untervollmacht erteilen.

8. Weitere Regelungen

____

____

____

____

....

Ort, Datum Unterschrift des Vollmachtgebers

....

Ort, Datum Unterschrift des Bevollmächtigten

7. Die Erbschaftsteuerklassen (§ 15 Abs. 1 ErbStG)

Steuerklasse I

1. Der Ehegatte,
2. die Kinder und Stiefkinder,
3. die Abkömmlinge der unter Nummer 2 genannten Kinder und Stiefkinder,
4. die Eltern und Voreltern bei Erwerben von Todes wegen.

Steuerklasse II

1. Die Eltern und Voreltern, soweit sie nicht zur Steuerklasse I gehören,
2. die Geschwister,
3. die Abkömmlinge ersten Grades von Geschwistern,
4. die Stiefeltern,
5. die Schwiegerkinder,
6. die Schwiegereltern,
7. der geschiedene Ehegatte.

Steuerklasse III

Alle übrigen Erwerber und die Zweckzuwendungen.

8. Erbschaftsteuerliche Freibeträge

Erbschaftsteuerliche Freibeträge (§ 16 Abs. 1 ErbStG)

Ehegatte	307.000 Euro
Kinder im Sinne der Steuerklasse I Nr. 2 und Kinder verstorbener Kinder im Sinne der Steuerklasse I Nr. 2	205.000 Euro
übrige Personen der Steuerklasse I	51.200 Euro
Personen der Steuerklasse II	10.300 Euro
Personen der Steuerklasse III	5.200 Euro

Die Versorgungsfreibeträge (§ 17 ErbStG)

Ehegatte	256.000 Euro
Kinder bei einem Alter	
bis zu 5 Jahren	52.000 Euro
von mehr als 5 bis zu 10 Jahren	41.000 Euro
von mehr als 10 bis zu 15 Jahren	30.700 Euro
von mehr als 15 bis zu 20 Jahren	20.500 Euro
von mehr als 20 Jahren bis zur Vollendung des 27. Lebensjahres	10.300 Euro

... jeweils vermindert um den Kapitalwert erbschaftsteuerfreier Versorgungsbezüge.

9. Die Erbschaftsteuersätze (§ 19 ErbStG)

Wert des steuerpflichtigen Erwerbs bis einschließlich ... Euro	**Prozentsatz in der Steuerklasse**		
	I	II	III
52.000	7	12	17
256.000	11	17	23
512.000	15	22	29
5.113.000	19	27	35
12.783.000	23	32	41
25.565.000	27	37	47
über 25.565.000	30	40	50

10. Bewertungsverfahren bei der Erbschaftsteuer

Vermögensgegenstände	Bewertungsgrößen
1. Land- und forstwirtschaftliches Vermögen	Ertragswert
2. Grundvermögen im Inland	
a) unbebaute Grundstücke	80 % des Wertes nach Bodenrichtwertkarte
b) Mietwohngrundstücke	12,5-fache Jahresnettomiete minus Altersabschlag (max. 25 %)
c) selbstgenutzte Wohnungen und Häuser	12,5-fache marktübliche Jahresnettomiete minus Altersabschlag (max. 25 %), bei EFH und ZFH Zuschlag von 20 %
d) betrieblicher Grundbesitz	12,5-fache erzielte bzw. marktübliche Jahresnettomiete minus Altersabschlag (max. 25 %) Ggf. Steuerbilanzwert + 70 % des Wertes nach Bodenrichtwertkarte
3. Betriebsvermögen (Einzelfirmen und Anteile an KG, OHG)	Steuerbilanzwerte, ausn.: betrieblicher Grundbesitz wie 2. d)
4. Aktien bzw. GmbH-Anteile	
a) bei Börsennotierung	Börsenkurs, ggf. zzgl. Paketzuschlag
b) ohne Börsennotierung	Stuttgarter Verfahren (Kombination von Substanz- und Ertragswert)
5. Obligationen, offene Fonds	Tageskurs
6. Geldvermögen, Sparguthaben etc.	Nominalwert
7. Lebensversicherungen	Rückkaufwert oder zwei Drittel der eingezahlten Prämien
8. Nutzungs- und Rentenansprüche	Jahreswert der Nutzungen x laufzeitabhängigem Multiplikator
9. Verbindlichkeiten	Nominalwert

11. Beispiel zur Bewertung von bebautem Grundbesitz

Nettoeinnahmen aus (ohne Nebenkosten)	**Jahr 01 Euro**	**Jahr 02 Euro**	**Jahr 03 Euro**	**Summe Jahre 01–03 Euro**
Jahresmiete Gebäude	100.000	110.000	120.000	330.000
Jahresmiete Garagen	10.000	10.000	10.000	30.000
SUMME	110.000	120.000	130.000	360.000
Durchschnittliche Jahresmiete			1/3	120.000
x 12,5 (starrer Vervielfältiger)				1.500.000
abzgl. Wertminderung wegen Alters (max. 25 %): 0,5 % x 20 Jahre				– 150.000
BEDARFSWERT				1.350.000

Bei Wohnzwecken dienenden Ein- und Zweifamilienhäusern ist ein Zuschlag von 20 Prozent zu berücksichtigen (§ 146 Abs. 5 BewG).

Ist der tatsächliche Verkehrswert der Immobilie niedriger als der so ermittelte Steuerwert, wird dieser berücksichtigt (Nachweis durch Sachverständigengutachten, § 146 Abs. 7 BewG).

12. Besteuerung von Betriebsvermögen

Zum steuerlichen Betriebsvermögen gehören insbesondere die im Rahmen eines Einzelunternehmens verwendeten Gegenstände, Anteile an gewerblichen Personengesellschaften und Anteile an Kapitalgesellschaften, wenn die Beteiligungsquote mehr als 25 Prozent beträgt.

Solches Betriebsvermögen ist bei der Erbschaftsteuer mehrfach begünstigt. Grundsätzlich unterliegt es der Erbschaftsteuer mit seinen (meist niedrigeren) Steuerwerten. Darüber hinaus wird alle zehn Jahre ein (zusätzlicher) Freibetrag von 225.000 Euro gewährt. Von den danach zu versteuernden Steuerwerten wird ein pauschaler Wertabschlag von 35 Prozent berücksichtigt. Schließlich gilt das sogenannte Steuerklassenprivileg, wonach solches Betriebsvermögen – unabhängig von den verwandtschaftlichen Beziehungen der Beteiligten – stets fast so günstig wie in Steuerklasse I vererbt wird.

	Euro
Steuerwert	
minus Betriebsvermögensfreibetrag	– 225.000
Zwischenwert	
minus Bewertungsabschlag, 35 % vom Zwischenwert	–
Steuerpflichtiges Betriebsvermögen	

13. Berechnung des Zugewinnausgleichsanspruchs

Bei Beendigung des gesetzlichen Güterstandes der Zugewinngemeinschaft (durch Tod, Scheidung oder ehevertragliche Vereinbarung) wird der von den Ehegatten bisher jeweils erzielte Vermögenszugewinn ausgeglichen. In Höhe dieses Zugewinnausgleichs erwirbt der Ehegatte steuerfrei. Im Erbfall gilt dies selbst dann, wenn er einen konkreten Zugewinnausgleich überhaupt nicht geltend macht.

Im Detail sind viele Besonderheiten bei der Berechnung des Zugewinnausgleichsanspruchs zu berücksichtigen. Das Grundprinzip seiner Ermittlung ist bei folgendem Beispiel erkennbar:

	Ehemann Euro	Ehefrau Euro
Vermögen bei Beendigung der Ehe (Endvermögen):	1.000.000	100.000
minus Vermögen zu Beginn der Ehe (Anfangsvermögen):	100.000	50.000
Zugewinn	900.000	50.000
minus Zugewinn der Ehefrau	– 50.000	
Ehemann hat gegenüber der Ehefrau ein Mehr von	850.000	
Zugewinnausgleichsanspruch der Ehefrau: ½		**425.000**
jeweiliger Zugewinn nach Zugewinnausgleich	**475.000**	**475.000**

14. Checkliste zur Ermittlung des monatlichen Bedarfs des Ehegatten

			Euro
I.	**Monatlicher Bedarf**		
	1.	Unterhaltskosten des Hauses bzw. Wohnungsmiete	
		Abgaben	
		Versicherungen	
		Reparaturen/Renovierungen	
		Gartenpflege	
		Strom/Wasser/Heizung	
		Telefon	
		Sonstiges	
	2.	Persönliche Versicherungen	
	3.	Nahrungsmittel	
	4.	Kleidung	
	5.	Urlaub	
	6.	Kfz-Kosten	
		Steuer/Versicherung	
		Benzin	
		Wartung und Verschleißteile	
		Rücklage für Neuanschaffung	
	7.	Sonstiges	
	8.	Sonderbedarf für Pflegebedürftigkeit	
	Gesamtbedarf		

Dem gegenüberstehende Einnahmen

			Euro
II.	**Einnahmen**		
	1.	Eigene Einnahmen des Ehegatten	
	2.	Gesetzliche Hinterbliebenenrente	
	3.	Betriebsrente	
	4.	Mieteinnahmen	
		(Einnahmen minus Bewirtschaftungskosten)	
		Summe	
	5.	Einkünfte aus Kapitalvermögen	
		Zinsen	
		Dividenden	
		Sonstiges	
	6.	Sonstige Einnahmen	
		Renten aus Lebensversicherungen	
		(Pflegevers. minus Persönl. Einkommensteuer)	
	Nettoeinnahmen		

15. Checkliste: Was ist nach einem Sterbefall zu tun?

I. Amtliche Bestätigungen, Bestattung, dringende Benachrichtigung

	Bis wann zu erledigen	Ansprech-partner	Erforderliche Unterlagen	Anmerkung
Sofort erforderliche Maßnahmen				
Totenschein	Sofort	(Kranken-) Hausarzt		
Todesanzeige	Sofort	• Private Druckerei • Örtliche Zeitung		Kann auch Bestattungs-unternehmen erledigen
Arbeitgeber informieren	Sofort	Arbeitgeber	Sterbeurkunde	
Weitere Maßnahmen				
Sterbeurkunde	Spätestens am folgenden Werktag	Standesamt, in dessen Bezirk sich der Todesfall ereignet hat	• Totenschein • Familienbuch • Personal-ausweis oder Reisepaß des Verstorbenen	Beglaubigte Kopien für späteren Bedarf erstellen lassen
Bestattung organisieren	In der folgenden Woche	• Friedhofs-verwaltung • Pfarramt • Bestattungs-unternehmer	• Sterbe-urkunde • ggf. Urkun-de über Erb-kaufgrab	Bestattungs-unternehmen bieten Unter-stützung an
Feuer-bestattung organisieren		Genehmi-gung der Polizei bzw. Ordnungs-behörde	• Sterbe-kunde • Ggf. letzt-willige Ver-fügung des Verstorbenen	Wird vom Be-stattungs-unternehmen durchgeführt

II. Nachlaßabwicklung

	Bis wann zu erledigen	Ansprech-partner	Erforderliche Unterlagen	Anmerkung
Maßnahmen				
Testaments-eröffnung		Amtsgericht (Nachlaß-gericht)	• Sterbe-urkunde • Sämtliche Testamente • Erbverträge	
Ausstellung Erbschein		Amtsgericht (Nachlaß-gericht)	• Sterbe-urkunde • Sämtliche Testamente • Erbverträge • Personal-ausweis des Antragstellers	Ausstellung auf Antrag (kosten-pflichtig)
Ausschlagung der Erbschaft	6 Wochen ab Kenntnis vom Erbfall	Amtsgericht (Nachlaß-gericht)		Erklärung bei Gericht zu Protokoll oder notariell beglaubigt
Anzeige an das Finanzamt	3 Monate ab Kenntnis vom Erbfall	Örtlich zu-ständiges Finanzamt	Formblatt des Finanzamts	Banken sind hierzu auch verpflichtet

III. Bankverbindung

	Bis wann zu erledigen	Ansprechpartner	Erforderliche Unterlagen	Anmerkung
Sofort erforderliche Maßnahmen				
Feststellung von Bankverbindungen und Benachrichtigungen	Möglichst sofort	Bank/ Sparkasse	• Erbschein • Ausfertigung oder beglaubigte Abschrift einer Verfügung von Todes wegen • Zugehörige Eröffnungsniederschrift des Gerichts	Für Verfügungen: Prüfung ob • Vollmacht für den Todesfall oder • Vollmacht über den Tod hinaus besteht
Weitere Maßnahmen				
Überprüfung und ggf. Löschung von • Daueraufträgen • Lastschriften		• Bank/ Sparkasse • Empfänger		Widerrufsmöglichkeit bei Einzugsermächtigungen bzw. Abbuchungsaufträgen

IV. Versicherung und Versorgung

	Bis wann zu erledigen	Ansprechpartner	Erforderliche Unterlagen	Anmerkung
Sofort erforderliche Maßnahmen				
Weiterzahlung von Prämien bei Personenversicherungen zu Gunsten von Angehörigen	Sofort	Jeweilige Versicherungsgesellschaft	• Sterbeurkunde • Versicherungspolice	
Anzeige Berufsgenossenschaft	Sofort	Arbeitgeber	Sterbeurkunde	Erforderlich bei Unfalltod
Anzeige Sterbekasse	Sofort	Versicherungsgesellschaft	• Sterbeurkunde • Versicherungspolice	
Anzeige • Krankenversicherung • Beihilfestellen (bei Beamten) wegen Sterbegeld	Sofort	Versicherungsgesellschaft	• Beleg über Bestattungskosten • Sterbeurkunde	Wird auch vom Bestattungsunternehmen durchgeführt
Antrag auf Witwen-/Waisenrente	Sofort	Rentenzahlstelle	• Sterbeurkunde • letzter Rentenbescheid	
Antrag auf Fortzahlung der Rente des Verstorbenen für 3 Monate	Sofort, max. nach 2 Wochen	Rentenzahlstelle	• Sterbeurkunde • letzter Rentenbescheid	
Anzeige sonstige Versicherungen	Sofort	Versicherungsgesellschaft	Versicherungspolice	Z.B. Hausrat, Haftpflicht, Kfz, Rechtsschutz

	Bis wann zu erledigen	Ansprech-partner	Erforderliche Unterlagen	Anmerkung
Weitere Maßnahmen				
Anzeige Lebensver-sicherung	3 Tage nach Eintritt des Todes	Versicherungs-gesellschaft	• Sterbe-urkunde • Versiche-rungspolice • Ärztliches Attest über Todesursache	
Anzeige Risiko-Lebensversiche-rung (aus Bau-spar- oder Dar-lehensvertrag)	3 Tage nach Eintritt des Todes	Versicherungs-gesellschaft	• Sterbe-urkunde • Versiche-rungspolice • Ärztliches Attest über Todesursache • Bankverbin-dung des Be-zugsberech-tigten	
Anzeige (private) Unfall-versicherung	I.d.R. sofort	Versicherungs-gesellschaft	• Sterbe-urkunde • Versiche-rungspolice • Ärztliches Attest über Todesursache	Bei Unfalltod
Anzeige gesetzl. Altersversiche-rung		Versicherungs-ämter der Städte/ Gemeinden		BfA, LfA, knappschaftl. Rentenver-sicherung

V. Haus und Wohnung

	Bis wann zu erledigen	Ansprech-partner	Erforderliche Unterlagen	Anmerkung
Maßnahmen				
Kontrolle Mietvertrag	Ggf. unter Beachtung der gesetzl. Kündigungsfrist kündigen	Vermieter		Fortsetzung mit Lebensgefährten
Kontrolle über Verträge, z. B.: Rundfunk/TV	Möglichst unverzüglich	GEZ		
Strom	möglichst unverzüglich	Energieversorgungsunternehmen		
Gas	Möglichst unverzüglich	Gasversorgungsunternehmen		
Wasser	Möglichst unverzüglich	Wasserwerke		
Telefon(e)	Möglichst unverzüglich	Z.B. Telekom, Vodafone		
Zeitung	Möglichst unverzüglich	Verlag		

16. Anzeigepflichten des Erwerbers (§ 30 ErbStG)

Jeder der Erbschaft- und Schenkungsteuer unterliegende Erwerb ist vom Erwerber – bei Schenkungen auch vom Schenker – innerhalb von drei Monaten nach erlangter Kenntnis von dem Vermögensanfall dem für die Erbschaft- und Schenkungsteuer zuständigen Finanzamt anzuzeigen (§ 30 ErbStG).

Einer Anzeige bedarf es jedoch nicht, wenn der Erwerb auf einem von einem deutschen Gericht, einem deutschen Notar oder einem von einem deutschen Konsul eröffneten Testament oder auf einer gerichtlich oder notariell beurkundeten Schenkung beruht.

Die Anzeige soll folgende Angaben erhalten:

- Vorname und Familienname, Beruf, Wohnung der Erblassers oder Schenkers und des Erwerbers,
- Todestag und Sterbeort des Erblassers oder Zeitpunkt der Ausführung der Schenkung,
- Gegenstand und Wert des Erwerbs,
- Rechtsgrund des Erwerbs, wie z. B. gesetzliche Erbfolge, Vermächtnis oder Ausstattung,
- persönliches Verhältnis des Erwerbers zum Erblasser oder zum Schenker, wie Verwandtschaft, Schwägerschaft, Dienstverhältnis,
- frühere Zuwendungen des Erblassers oder Schenkers an den Erwerber nach Art, Wert und Zeitpunkt der einzelnen Zuwendung.

An das Finanzamt	Aktenzeichen	Eingangsstempel
FA 11 · Steuernummer	UFA 71 · Zeitraum · Vorgang 1	

Erbschaftsteuererklärung

Todestag Tag | Monat | Jahr — beurkundet vom Standesamt

Tragen Sie bitte eine „1" in das nebenstehende Feld ein, wenn die erklärten Beträge in Euro angegeben werden. 32 ☐ ja = 1

Todestag — 99 | 11 — 32 | ja = 1

Erblasser 11 Name, Vorname — Staatsangehörigkeit

Letzter Wohnsitz: Straße, Hausnummer

Postleitzahl — Ort

Zuständiges Finanzamt, letzte Steuernummer

Familienstand am Todestag: ☐ ledig ☐ verheiratet seit: ☐ verwitwet seit: (Sterbeort des vorverstorbenen Ehegatten) ☐ geschieden

In welchem Güterstand lebte der Erblasser zuletzt mit seinem Ehegatten? (bei vertraglichem Güterstand: bitte Vertrag einreichen) ☐ Vertraglicher Güterstand

☐ Gesetzlicher Güterstand (Zugewinngemeinschaft) ☐ Gesetzlicher Güterstand nach § 13 FGB (DDR) ☐ Güterstand nach ausländischem Recht

Ist ein Testament / Erbvertrag vorhanden? ☐ nein ☐ ja — Name, Aktenzeichen des Gerichts / Urkundenrollen-Nummer des Notars:

Ist ein ☐ Testamentsvollstrecker ☐ Nachlasspfleger ☐ Nachlassverwalter bestimmt?

Name, Anschrift, Telefonnummer:

Ist ein Erbschein beantragt worden? ☐ nein ☐ ja — Name, Aktenzeichen des Gerichts / Urkundenrollen-Nummer des Notars:

War der Erblasser bei seinem Tod beteiligt an ☐ Erbengemeinschaft ☐ fortgesetzter Gütergemeinschaft?

Name, Sterbetag und letzter Wohnsitz des vorverstorbenen Erblassers; Erbschaftsteuer-Finanzamt und ggf. Steuernummer:

War der Erblasser bei seinem Tod ☐ Vorerbe ☐ Vorvermächtnisnehmer?

Name, Sterbetag und letzter Wohnsitz des vorverstorbenen Erblassers; Erbschaftsteuer-Finanzamt und ggf. Steuernummer:

Unterhielt der Erblasser ein Schließfach? ☐ nein ☐ ja — Name und Anschrift des Geldinstituts:

Welche Gegenstände / Werte befanden sich in dem Schließfach, wo sind diese in der Erklärung aufgeführt? (bitte ggf. gesondertes Blatt beifügen)

Beteiligte (falls die Zeilen der Erklärung nicht ausreichen, bitte gesondertes Blatt beifügen)

Name, Vorname	lfd. Nr. der Anlage „Erwerber"	Name, Vorname	lfd. Nr. der Anlage „Erwerber"
Name, Vorname	lfd. Nr. der Anlage „Erwerber"	Name, Vorname	lfd. Nr. der Anlage „Erwerber"
Name, Vorname	lfd. Nr. der Anlage „Erwerber"	Name, Vorname	lfd. Nr. der Anlage „Erwerber"
Name, Vorname	lfd. Nr. der Anlage „Erwerber"	Name, Vorname	lfd. Nr. der Anlage „Erwerber"

Unterschrift(en) **Die mit der Steuererklärung angeforderten Daten werden aufgrund der §§ 149 ff AO und des § 31 ErbStG erhoben. Die Angabe der Telefonnummer ist freiwillig.**

Ich versichere (Wir versichern), dass ich (wir) die Angaben in diesem Vordruck und den beigefügten Anlagen wahrheitsgemäß nach bestem Wissen und Gewissen gemacht habe(n). Steuererklärungen ohne Unterschrift gelten als nicht abgegeben.

Bei der Anfertigung dieser Steuererklärung und der Anlagen hat mitgewirkt:

Datum, Unterschrift(en)

Erbschaftsteuererklärung (Mantelbogen) - Dez. 2000 ErbSt 9

Zeile				
30	41	**Hinterlassene Vermögenswerte**		99 | 41
31		**Land- und forstwirtschaftliches Vermögen** Gehört zum Nachlass inländisches land- und forstwirtschaftliches Vermögen?	☐ nein	
32		☐ ja ☐ Anzahl der beigefügten Anlage(n) land- und forstwirtschaftlicher Grundbesitzwert — selbst errechneter Gesamtwert:		inl. L.- u. F.-Vermögen 15
33		Gehört zum Nachlass ausländisches land- und forstwirtschaftliches Vermögen?	☐ nein	
34		☐ ja Lage: — Gemeiner Wert:		ausl. L.- u. F.-Vermögen 16
35		**Grundvermögen** Gehört zum Nachlass inländisches Grundvermögen?	☐ nein	
36		☐ ja ☐ Anzahl der beigefügten Anlage(n) Grundstückswert — selbst errechneter Gesamtwert:		inl. Grundstückswerte 23
37		Gehört zum Nachlass ausländisches Grundvermögen?	☐ nein	
38		☐ ja Lage: — Gemeiner Wert:		ausl. Grundstückswerte 24
39		**Betriebsvermögen** Gehört zum Nachlass inländisches Betriebsvermögen?	☐ nein	
40		☐ ja ☐ Anzahl der beigefügten Anlage(n) Betriebsvermögen — selbst errechneter Gesamtwert:		inl. Betriebsvermögen 35
41		Gehört zum Nachlass ausländisches Betriebsvermögen?	☐ nein	
42		☐ ja Firma: — Gemeiner Wert:		ausl. Betriebsvermögen 36
43		**Übriges Vermögen** Gehören zum Nachlass nichtnotierte Anteile an Kapitalgesellschaften?	☐ nein	
44		☐ ja ☐ Anzahl der beigefügten Anlage(n) Anteilsbewertung — selbst errechneter Gesamtwert:		Anteile an KapGes. 46
45		Gehören zum Nachlass Wertpapiere, andere Anteile und dergleichen? ☐ nein ☐ ja Bezeichnung — ggf. Name des verwahrenden Geldinstituts / Bankleitzahl	Wert (einschl. Stückzinsen)	
46				
47				
48				
49		Summe: 50		Wertpapiere u. Ä. 50
50		Gehören zum Nachlass Guthaben bei Geldinstituten? ☐ ja Kontonummer — Name des Geldinstituts / Bankleitzahl	☐ nein Wert	
51				
52				
53				
54		Summe: 51		Bankguthaben 51
55		Gehören zum Nachlass Bausparguthaben? ☐ ja Bausparnummer — Name der Bausparkasse	☐ nein Wert	
56		52		Bausparguthaben 52
57		Gehören zum Nachlass Steuererstattungsansprüche? ☐ ja Bezeichnung — Name des Finanzamtes, Steuernummer	☐ nein Wert	
58		53		Steuererstattungsanspr. 53
59		Gehören zum Nachlass andere Kapitalforderungen? ☐ ja Bezeichnung — Name des Schuldners, Nennbetrag, Zinssatz	☐ nein Wert	
60		54		Sonst. KapForderungen 54
61		Gehören zum Nachlass sonstige Forderungen? ☐ ja Bezeichnung, Name des Schuldners	☐ nein Wert	
62		49		Sonst. Forderungen 49

Zeile

63 | 41 | **noch: Übriges Vermögen** | 99 | 41

Gehören zum Nachlass Zinsansprüche (soweit in Guthaben – Zeilen 50, 55 und 59 – nicht enthalten)? ☐ nein

Zeile					
64	☐ ja Bezeichnung	Name des Schuldners	Wert	
65		55		Zinsen 55

Gehören zum Nachlass Versicherungen, Sterbegelder, Abfindungen? ☐ nein

Zeile				
66	☐ ja ggf. Vers.-Nr.	Name des Schuldners	Wert	Kap.Ford. (sonstige) 48
67				
68				
69		Summe: 56		Vers., Sterbegelder, Abf. 56

Gehören zum Nachlass Renten oder andere wiederkehrende Bezüge? ☐ nein

Zeile				
70	☐ ja Bezeichnung	Name des Schuldners, Laufzeit bis	Jahreswert	
71				
72				Renten u. Ä. 57

Zeile				
73	Gehören zum Nachlass – in- und ausländische Zahlungsmittel (Bargeld)? ☐ ja Wert: 58		☐ nein	Zahlungsmittel 58
74	– Münzen, unverarbeitete Edelmetalle, Edelsteine, Perlen? ☐ ja Wert: 59		☐ nein	Edelmetalle u. Ä. 59
75	– Hausrat? ☐ ja Wert: 60		☐ nein	Hausrat 60
76	– Andere bewegliche körperliche Gegenstände (z. B. Kraftfahrzeuge, Boote, Kunstgegenstände, Schmuck)? ☐ ja Wert: 61		☐ nein	and. bew. Gegenstände 61
77	– sonstige Rechte (Urheberrechte, Erfindungen, Patente und Ähnliches? ☐ ja Wert: 62		☐ nein	Sonstige Rechte 62

Welche Vermögenswerte sind von Dritten außerhalb des Nachlasses unmittelbar erworben worden?

Zeile	Anspruchsberechtigter	Art des Anspruchs	Wert
78			
79			
80			
81			

82 | 42 | **Nachlassverbindlichkeiten** | 99 | 42

Schulden des Erblassers – Bitte fügen Sie entsprechende Unterlagen / Belege bei. –

83 Hatte der Erblasser Darlehensschulden? ☐ nein

Zeile			
84	☐ ja Name und Anschrift des Gläubigers, Nennbetrag, Zinssatz	Wert	
85			
86			
87	Summe: 10		Darlehensschulden 10

88 Hatte der Erblasser Steuerschulden? ☐ nein

Zeile			
89	☐ ja Name des Finanzamtes, Steuernummer	Wert	
90	12		Steuerschulden 12

91 Hatte der Erblasser sonstige Verbindlichkeiten? ☐ nein

Zeile			
92	☐ ja Bezeichnung, Name und Anschrift des Gläubigers, Nennbetrag, Zinssatz	Wert	
93			
94			
95	Summe: 14		Sonst. Verbindlichkeiten 14

42 **Erbfallkosten** Nur auszufüllen, wenn insgesamt mehr als 20 000 DM (Pauschbetrag) geltend gemacht werden. Bitte fügen Sie entsprechende Unterlagen / Belege bei.

99 | 42

		Wert	
Kosten der Bestattung des Erblassers	20		Bestattungskosten 20
Kosten für ein angemessenes Grabdenkmal	22		Grabdenkmalkosten 22
Kosten für die übliche Grabpflege durchschnittlich jährlich anfallende Kosten (Jahreswert)	25		Grabpflege 25
Kosten der Nachlassregelung	26		Nachlassreg. Kosten 26
abzüglich Kostenersatz (Sterbegeld u.Ä.)	28		Ersatz Erbfallkosten 28

Vermächtnisse, Auflagen, Pflichtteilsansprüche

Hatte der Erblasser Vermächtnisse, Auflagen angeordnet? ☐ nein

☐ ja

Name, Anschrift des Berechtigten	Art des Anspruchs	Wert
	Summe: 30	

Vermächtnis u.Ä. 30

Sind Pflichtteilsansprüche geltend gemacht worden? ☐ nein

☐ ja

Name und Anschrift des Berechtigten; wann geltend gemacht?	Wert
Summe: 32	

Pflichtteil 32

Schenkungen Sollte der Platz für die Eintragungen nicht ausreichen, bitte gesondertes Blatt beifügen.

Hatte der Erblasser zu seinen Lebzeiten Schenkungen oder andere unentgeltliche Zuwendungen gemacht? ☐ nein

☐ ja, an folgende Personen, Stiftungen, Trusts usw.:

Name, Anschrift des Beschenkten / Art, Wert und Zeitpunkt der Zuwendung	veranlagt beim Finanzamt / Steuernummer

Bemerkungen

Verfügung

1. Die aufgeführten Daten sind mit Hilfe des geprüften Programms maschinell zu verarbeiten. In Höhe des maschinell ermittelten Ergebnisses werden die Steuern und der Verspätungszuschlag festgestellt. Das Ergebnis ist bekanntzugeben.

Erledigt (Namensz., Datum)

2. ☐ Erklärungsdaten geprüft
3. Von Erklärung abgewichen ☐ nein ☐ ja
   Stpfl. vorher angehört ☐ nein ☐ ja
   Abweichung in Bescheid oder Anlage erläutert ☐ nein ☐ ja

Erledigt (Namensz., Datum)

4. ☐ KM Erblasser gefertigt ☐ nein ☐ ja
5. ☐ KM Erwerber gefertigt ☐ nein ☐ ja
6. ☐ Zur Datenerfassung / Bearbeitereingabe
7. ☐ Daten zur Verarbeitung freigegeben
8. ☐ Änderung / Berichtigung vermerken

Erfasst

Sgl. Datum Bearb.

Kontrollzahl

Die Autoren

Hans Flick, Dr., ist Gründungspartner der Kanzlei Flick Gocke Schaumburg. Seit über 40 Jahren berät er Familienunternehmen und Privatpersonen bei der Gestaltung der gesamtheitlichen Erb- und Unternehmensnachfolge.

Frank Hannes, Dr., ist Rechtsanwalt, Fachanwalt für Steuerrecht und Steuerberater. Als Partner bei Flick Gocke Schaumburg ist er am Standort Bonn seit vielen Jahren beratend und gestaltend im Bereich der Unternehmens- und Vermögensnachfolgeplanung tätig.

Christian von Oertzen, Dr., Rechtsanwalt und Fachanwalt für Steuerrecht und ebenfalls Partner bei Flick Gocke Schaumburg, leitet am Standort Frankfurt am Main den Bereich Vermögens- und Unternehmensnachfolge.